Labyrinthes de la Vérité: Révéler, Comprendre et Démystifier les Théories du Complot à l'Ère de la Désinformation Numérique

De l'Histoire Secrète des Illuminati aux Mystères de la Pandémie : Un Guide Essentiel et Approfondi pour Naviguer dans l'Océan des Fausses Informations, Décoder les Messages Cachés et Construire une Pensée Critique à l'Ère Moderne

Antoine Martin

Introduction

Dans un monde complexe et en rapide évolution, où l'information est de plus en plus accessible mais souvent déformée, la nécessité de compréhension et de clarté n'a jamais été aussi forte. C'est précisément dans ce contexte que fleurissent les théories du complot, qui promettent des explications simples à des questions complexes, même si elles reposent souvent sur des prémices discutables. Définition de "théorie du complot" Une "théorie du complot" peut être définie comme une croyance ou une explication suggérant que des événements ou des situations sont le résultat d'activités secrètes, malveillantes et orchestrées par un groupe ou une entité puissante, plutôt que le résultat de causes visibles, publiques ou naturelles. En général, ces théories affirment que ce qui est présenté au public comme la "vérité" est en réalité un mensonge, dissimulé par ceux qui bénéficient de la désinformation.

Pourquoi ces théories sont-elles si attirantes ? Les théories du complot fascinent pour plusieurs raisons :

1. Simplification : Dans un monde complexe, ces théories offrent des explications simples et directes à de grands problèmes complexes. Si quelque chose ne va pas, c'est la faute d'un "eux", un groupe sombre et puissant qui opère dans l'ombre.
2. Sens de contrôle : Accepter que le monde soit chaotique et imprévisible peut être effrayant. Croire en une théorie du complot peut donner l'impression d'avoir une compréhension supérieure des

événements, même si elle repose sur des prémices fausses.

3. Appartenance : Croire en une théorie du complot peut créer un sentiment d'appartenance. Les "éclairés" forment une sorte d'élite qui détient une "vérité" cachée à la masse.

4. Confirmation de croyances préexistantes : Ces théories renforcent souvent les convictions existantes. Par exemple, si quelqu'un se méfie du gouvernement, une théorie soutenant que le gouvernement cache la vérité sera particulièrement attrayante.

5. Empowerment : Se défendre contre des pouvoirs apparemment tout-puissants donne un sentiment de résistance et de rébellion.

L'Attrait des Théories du Complot : Une Analyse Approfondie Pour comprendre l'attrait inépuisable des théories du complot, il est essentiel d'explorer en profondeur les racines psychologiques, historiques et sociales qui donnent naissance à de telles croyances. Outre les facteurs mentionnés précédemment, il existe de nombreuses autres facettes qui contribuent à l'attrait de ces théories.

Origines Historiques Le besoin de trouver des coupables ou des explications alternatives à des événements traumatiques ou incompréhensibles a des racines historiques profondes. Depuis l'Antiquité, les sociétés cherchaient des explications aux événements inattendus ou catastrophiques. Les conspirations étaient un moyen d'attribuer ces événements à des causes humaines plutôt qu'à des forces incontrôlables ou divines.

La Biologie de la Peur D'un point de vue biologique, les êtres humains sont programmés pour percevoir les menaces. Ce mécanisme de survie peut rendre les gens enclins à voir des intentions cachées même lorsqu'elles n'existent pas. Dans un environnement moderne, où les menaces physiques sont moindres, cette disposition peut se traduire par la recherche de "menaces invisibles", telles que celles suggérées par les théories du complot.

Le Désir d'Unicité La théorie de l'unicité personnelle suggère que les individus ont un besoin inné de se sentir spéciaux ou uniques. Croire en une théorie du complot peut satisfaire ce besoin, permettant à l'individu de se sentir en possession de connaissances exclusives. Le Rôle de la Méfiance La méfiance envers les autorités ou les institutions peut prédisposer les individus à croire en des théories alternatives. Ce scepticisme peut découler d'expériences passées de tromperie ou de corruption de la part d'entités puissantes. Biais de Confirmation Les êtres humains ont tendance à rechercher, interpréter et mémoriser les informations de manière à confirmer leurs croyances préexistantes. Cela rend les individus particulièrement vulnérables à la désinformation qui aligne les théories du complot avec leurs convictions.

Exclusion Sociale Les individus qui se sentent marginalisés ou exclus de la société peuvent être particulièrement enclins à croire aux théories du complot, car elles offrent une explication à leur sentiment d'aliénation. Influence Culturelle Certaines cultures ou sociétés peuvent être plus enclines aux conspirations en raison d'une histoire d'oppression, de colonialisme ou d'injustice. Dans ces contextes, les théories du complot peuvent sembler plus plausibles car il existe un précédent historique de tromperie de la part de pouvoirs dominants. Narration et Récit Les histoires sont un puissant moyen par lequel les êtres humains donnent un sens au monde. Les théories du complot, souvent racontées comme des récits captivants de héros et de méchants, peuvent être beaucoup plus attrayantes que des explications plus complexes ou nuancées. Conclusions L'attrait des théories du complot est multifactoriel et complexe. Bien que leur prévalence puisse être préoccupante, il est essentiel de comprendre les motivations derrière ces croyances afin de les aborder efficacement. À travers l'éducation, la sensibilisation et la promotion de la pensée critique, il est possible de contrer l'émergence et l'attrait de ces théories à l'ère moderne.

Histoire des Théories du Complot Les théories du complot ne sont pas un phénomène moderne ; elles existent depuis des siècles, voire des millénaires. Bien que les récits spécifiques et les détails changent, les bases de ces soupçons et croyances sont restées constantes au fil du temps. Aperçu Historique

1. Antiquité : Même dans la Rome antique, les conspirations étaient monnaie courante. L'un des exemples les plus célèbres est le complot de Catilina, une tentative avortée de renverser la République romaine. Ces épisodes réels de conspiration nourrissaient la paranoïa et la méfiance envers les dirigeants et les figures puissantes.

2. Moyen Âge : Pendant le Moyen Âge, les conspirations liées à la religion étaient particulièrement prédominantes. Les accusations d'hérésie et les chasses aux sorcières étaient souvent alimentées par des théories du complot. Les Juifs, en particulier, étaient souvent faussement accusés de complots, comme le tristement célèbre "meurtre rituel".

3. Époque moderne : La Révolution française et l'assassinat du roi Louis XVI ont donné lieu à de nombreuses théories. La Franc-maçonnerie et les Illuminati, tous deux des groupes ésotériques, sont devenus le point focal de nombreuses théories du complot les accusant de chercher à établir un nouvel ordre mondial.

4. XXe siècle : Le siècle dernier a vu une prolifération de théories du complot. L'assassinat de JFK, l'incident de Roswell et les attentats du 11 septembre ne sont que quelques exemples. La guerre froide a également apporté son lot de conspirations, avec les deux parties s'accusant mutuellement d'espionnage et de sabotage. Évolution au Fil du Temps

5. Moyens de Communication : Avec l'avènement de l'imprimerie, de la radio, de la télévision et plus récemment, d'Internet, les théories du complot sont devenues plus répandues et accessibles. Le web, en particulier, a permis une diffusion virale de ces théories.

6. Complexité Sociale : À mesure que les sociétés sont devenues plus complexes, les conspirations sont devenues plus compliquées. Par exemple, tandis qu'une conspiration dans la Rome antique pouvait impliquer une poignée de sénateurs, une théorie

moderne pourrait impliquer des agences gouvernementales entières ou des multinationales.

7. Réponse Institutionnelle : Initialement, les théories du complot étaient souvent considérées comme une menace directe au pouvoir et étaient réprimées. Aujourd'hui, bien que certaines théories soient encore perçues avec méfiance par les autorités, d'autres sont simplement ridiculisées ou ignorées.

8. Globalisation : Avec un monde de plus en plus interconnecté, les théories du complot ne sont plus confinées à une seule nation ou culture. Les théories nées dans un pays peuvent rapidement se propager et s'adapter à des contextes totalement différents.

9. Scientifisation : Au XXe siècle, de nombreuses théories du complot ont commencé à revêtir un vernis de "scientifisation", citant de fausses études ou des interprétations erronées de la recherche pour légitimer leurs affirmations.

Alors que nous avançons dans la compréhension de l'histoire des théories du complot, il devient évident comment ces récits et narrations ont joué un rôle crucial dans le façonnement de la perception publique des événements.

En effet, les théories du complot émergent souvent en réponse à des événements traumatisants ou incompréhensibles. Prenons par exemple l'assassinat d'Abraham Lincoln : bien que l'assassin, John Wilkes Booth, et ses complices aient été rapidement identifiés et poursuivis, des théories ont suggéré que des forces plus grandes étaient à l'œuvre, que le gouvernement

lui-même pourrait être impliqué ou que des motifs
cachés se cachaient derrière l'assassinat.

Ce schéma s'est répété à maintes reprises. Après la
mort de la princesse Diana, malgré des preuves
accablantes pointant vers un accident tragique, des
théories ont émergé impliquant la famille royale
britannique, les services secrets et d'autres entités. Le
besoin de trouver un sens, un motif ou un coupable
derrière des événements tragiques est profondément
enraciné dans la psychologie humaine.

Un autre facteur qui a influencé l'évolution des théories
du complot est la dynamique du pouvoir et de la
résistance. Souvent, les théories du complot émergent
comme un moyen pour les gens ordinaires de défier ou
de remettre en question les récits officiels présentés
par les élites au pouvoir. Cela peut être perçu comme
une tentative de rééquilibrer le pouvoir, offrant une
voix aux marginalisés ou aux méfiants.

De plus, les théories du complot se sont adaptées et ont
évolué avec les innovations technologiques. Alors
qu'elles étaient autrefois véhiculées par la parole, les
livres ou les lettres, aujourd'hui, Internet et les médias
sociaux ont donné à ces théories une portée et une
vitesse sans précédent. Cela a eu des avantages et des
inconvénients. D'un côté, cela a permis aux gens de
partager et de discuter de ces théories au sein de
communautés plus vastes, offrant une plateforme pour
la vérification et l'analyse collective. D'un autre côté,
cela a également facilité la diffusion d'informations

inexactes et non vérifiées, rendant plus difficile la distinction entre la réalité et la fiction.

Il est intéressant de noter que certaines théories du complot, initialement ridiculisées ou rejetées, ont dans quelques rares cas été validées par la suite. Ces événements rares ont renforcé la crédibilité d'autres théories, même si elles étaient infondées. Par exemple, les révélations sur le programme MKUltra de la CIA, un programme secret de contrôle mental pendant la Guerre froide, ont donné crédibilité à de nombreuses autres théories sur la manipulation gouvernementale, même si elles n'étaient pas directement liées.

La culture populaire a également joué un rôle significatif dans l'évolution et la diffusion des théories du complot. Les films, les livres et les émissions de télévision traitant de complots, qu'ils soient réels ou imaginaires, ont amplifié l'intérêt du public et, dans certains cas, ont brouillé la frontière entre fiction et réalité. Ce mélange de réalité et de fiction a encore compliqué les efforts pour dévoiler la vérité derrière de nombreux événements et phénomènes.

L'impact croissant des multinationales et de l'interconnexion mondiale aux XXe et XXIe siècles a également ouvert la voie à des théories du complot d'envergure internationale. Des organisations telles que l'ONU, la Banque mondiale ou même des entreprises mondiales ont souvent été au centre de théories les accusant de complot pour la domination mondiale ou la manipulation des économies et des gouvernements. Ces théories reflètent les préoccupations et les incertitudes des gens dans un monde de plus en plus globalisé, où les décisions prises à des milliers de kilomètres peuvent avoir un impact direct sur la vie quotidienne des individus.

L'interaction entre les théories du complot et la politique est un autre aspect fondamental à considérer. Tout au long de l'histoire, différentes figures politiques, au pouvoir ou dans l'opposition, ont utilisé ces théories comme des outils pour atteindre divers objectifs. Que ce soit pour discréditer les adversaires ou renforcer leur propre pouvoir, les complots sont devenus des armes de manipulation de masse.

Pendant la Guerre froide, par exemple, à la fois l'Est et l'Ouest utilisaient des théories du complot pour dépeindre l'autre comme une menace insidieuse, associant souvent les adversaires à des complots à grande échelle. Les opérations de désinformation, conçues pour semer la discorde ou créer de fausses alertes, reposaient souvent sur des théories du complot créées sur mesure.

Dans les régimes totalitaires ou autoritaires, les théories du complot ont souvent été utilisées pour justifier des purges, des répressions, voire des génocides. En créant un ennemi invisible et omniprésent, le pouvoir peut justifier des actions autrement injustifiables et maintenir une population dans un état de peur et de dépendance vis-à-vis du gouvernement.

Les théories du complot ont également influencé les mouvements sociaux et révolutionnaires. Parfois, ces mouvements naissent en réponse à des perceptions réelles d'injustice, mais les théories du complot peuvent exacerber les tensions en fournissant une explication simple et monolithique à des problèmes complexes. Ainsi, au lieu de faire face aux nuances et à la complexité des questions sociales, économiques ou politiques, les gens peuvent trouver du réconfort dans un récit qui identifie clairement les "bons" et les "méchants".

Avec l'avènement de l'ère numérique, la vitesse et la facilité avec lesquelles les théories du complot peuvent être créées et diffusées ont atteint des niveaux sans précédent. Les forums en ligne, les blogs et les plateformes de médias sociaux deviennent des écosystèmes autonomes où les théories peuvent être partagées, discutées et amplifiées sans nécessité de vérification ou de contrôle critique. Cet environnement, combiné à l'effet de "bulle de filtre" - où les individus sont principalement exposés à des informations renforçant leurs croyances préexistantes - a créé une situation où les théories du complot peuvent prospérer et se radicaliser sans opposition.
Un autre aspect à souligner est le rôle des théories du complot dans l'économie. Certaines personnes ont découvert que nourrir ou promouvoir ces théories peut être lucratif. Cela peut se produire par la vente de livres, la monétisation de vidéos sur des plateformes comme YouTube, ou même par la vente de produits promettant de se protéger contre des menaces conspiratoires présumées.

Le pouvoir des théories du complot réside également dans leur capacité à créer un sentiment d'appartenance. Dans un monde qui peut sembler chaotique ou incompréhensible, croire en une théorie du complot peut fournir un sens de l'ordre et de la finalité. Cela offre également une communauté de croyants similaires, un groupe partageant une "vérité" cachée par rapport à la masse. Ce sentiment d'appartenance et de supériorité peut être profondément séduisant, surtout en période d'incertitude ou de changement.

Enfin, alors que de nombreuses théories du complot sont sans fondement, il y a toujours le danger de rejeter automatiquement toute suggestion de complot comme pure fantaisie. Historiquement, il y a eu de vrais complots qui ont été initialement ridiculisés ou rejetés, pour finalement s'avérer véridiques. Le défi consiste donc à trouver un équilibre entre un scepticisme sain et un esprit ouvert, en reconnaissant que dans un monde complexe, tout n'est pas toujours ce qu'il semble être.

L'histoire des théories du complot est intrinsèquement liée à l'histoire de l'humanité elle-même. Ces théories ont émergé et se sont développées en réponse à notre besoin profond de donner un sens au monde, de trouver de l'ordre dans le chaos et d'attribuer une signification à des événements souvent incompréhensibles ou traumatisants. Ces besoins psychologiques ont été alimentés et amplifiés par la dynamique du pouvoir, la politique et la culture, et sont devenus plus complexes avec l'avènement des nouvelles technologies et de l'ère de l'information.

Au fil des ans, nous avons vu comment les théories du complot ont influencé non seulement les perceptions individuelles, mais aussi des événements historiques majeurs, influençant les politiques, déclenchant des révolutions et façonnant le cours de l'histoire. L'interaction entre réalité et fiction, vérité et désinformation, a rendu les frontières de plus en plus floues, poussant la société à remettre en question en permanence ses propres convictions et à interroger les récits acceptés.

L'avènement du numérique a accéléré la propagation des théories du complot, démocratisant l'accès à l'information tout en compliquant la tâche de distinguer les faits de la fiction. À une époque où chaque individu a la capacité de devenir un émetteur de contenu, la responsabilité de la vérification et du discernement repose souvent sur l'individu lui-même, rendant impératif d'éduquer les masses à la pensée critique et à la littératie médiatique.

L'économie, la psychologie, la culture et la technologie sont tous des facteurs qui jouent un rôle dans la perpétuation des théories du complot. Cependant, au milieu de tout cela, un point crucial émerge : alors que de nombreuses théories du complot peuvent être facilement réfutées avec des preuves concrètes, il est essentiel de maintenir un esprit ouvert et de ne pas rejeter chaque théorie comme étant sans importance ou ridicule. L'histoire nous a montré que, dans des cas rares mais significatifs, ce qui peut sembler être un complot pourrait en réalité avoir une base de vérité.

En conclusion, les théories du complot sont un phénomène complexe et multicouche, enraciné dans les besoins humains profonds et alimenté par une myriade de facteurs externes. Comprendre leur origine, leur évolution et leur impact est crucial non seulement pour naviguer dans le paysage d'information complexe d'aujourd'hui, mais aussi pour construire une société plus informée, résiliente et unie.

2. Histoire des théories du complot

• Aperçu historique : Les théories du complot ne sont pas un phénomène moderne. Elles ont des racines profondes dans l'histoire humaine, se manifestant sous différentes formes et contextes à travers les siècles. • Antiquité : Les complots peuvent être retracés jusqu'à l'Antiquité. Par exemple, dans les temps anciens, certains événements naturels étaient attribués à des complots divins. L'assassinat de Jules César est un autre exemple antique de théorie conspiratrice, avec de nombreuses spéculations sur les motivations réelles et les instigateurs possibles derrière l'acte. • Moyen Âge : Au Moyen Âge, les théories du complot tournaient souvent autour de la religion et du pouvoir. Les accusations de sorcellerie ou d'hérésie, par exemple, étaient souvent enracinées dans des croyances conspiratrices. De plus, les accusations contre les Juifs, comme empoisonner les puits, sont un autre exemple de conspiration de cette période. • Époque moderne : Avec l'ère des Lumières et la croissance de l'imprimerie, les théories du complot ont commencé à se propager plus largement. La Révolution française, par exemple, a été accompagnée de nombreuses théories concernant des complots internes et externes.

• Comment elles ont évolué au fil du temps : Au fil du temps, les théories du complot ont subi une transformation, tant dans leur nature que dans leur mode de diffusion. • Innovation technologique : Avec l'avènement de l'imprimerie, puis des médias de masse tels que la radio, la télévision et Internet, les théories du complot ont trouvé de nouveaux canaux de diffusion. Internet en particulier a accéléré la vitesse à laquelle ces idées peuvent se propager, leur donnant une portée mondiale. • Complexité sociale : À mesure que les sociétés devenaient plus complexes, les théories du complot devenaient également plus complexes. Par exemple, au XXe siècle, avec des événements tels que l'assassinat de JFK ou les attentats du 11 septembre, les théories du complot se sont mêlées à la géopolitique, à l'espionnage et aux dynamiques de pouvoir internationales. • Culture populaire : Au XXe et au XXIe siècle, les théories du complot sont devenues également un élément culturel. Les films, les livres et les émissions de télévision ont souvent abordé ces sujets, parfois alimentant davantage les spéculations. • Réaction aux crises : Les théories du complot ont tendance à prospérer en période de crise ou d'incertitude. La pandémie de COVID-19, par exemple, a engendré toute une série de théories conspirationnistes concernant l'origine du virus, les vaccins et les mesures de confinement. Au fil des siècles, tandis que les théories du complot s'adaptaient et évoluaient, le noyau central restait le même : le besoin humain de trouver des réponses, souvent dans des endroits obscurs ou cachés, dans une tentative de donner un sens au monde qui nous entoure.

Le tissu des théories du complot est étroitement lié aux nuances culturelles et sociopolitiques des différentes époques historiques. Si l'on prend, par exemple, la période de la Réforme en Europe, les théories du complot circulaient largement entre catholiques et protestants, chacun accusant l'autre de complots sinistres pour contrôler les masses et manipuler la doctrine religieuse. À l'ère coloniale, les puissances européennes qui exploraient et colonisaient de nouveaux territoires étaient souvent regardées avec méfiance par les peuples autochtones et d'autres nations européennes. Les théories conspirationnistes concernant la véritable nature de leurs missions, les plans secrets pour soumettre les peuples et les territoires, et les compétitions pour les ressources, prospéraient. Avec l'expansion de l'Empire britannique, par exemple, beaucoup croyaient qu'il y avait un plan caché pour dominer le monde. Ces idées conspirationnistes n'étaient pas totalement infondées, étant donné l'immense territoire que l'Empire accumulait, mais elles étaient souvent exagérées et basées sur des peurs plutôt que sur des faits concrets. Au XIXe siècle, avec la révolution industrielle, de nouvelles théories du complot sont apparues. Les changements radicaux apportés par la mécanisation et l'urbanisation ont engendré des craintes de perte d'autonomie et de contrôle. Ces préoccupations ont alimenté des théories sur la manipulation possible par les barons de l'industrie ou les élites financières. Les récits de sociétés secrètes comme les Illuminati ou les Francs-maçons, opérant en coulisses pour contrôler les économies et les gouvernements, sont devenus particulièrement populaires.

Il XXe siècle a ensuite connu une explosion de théories du complot liées à la Guerre froide. L'hostilité entre l'Est et l'Ouest a alimenté de nombreux récits d'espionnage, de sabotage et d'infiltration. On croyait que chaque superpuissance travaillait secrètement à miner l'autre, et la paranoïa était palpable. Cette période a également vu naître des théories concernant les observations d'OVNI et les rencontres avec des extraterrestres, souvent liées à de prétendus dissimulations gouvernementales. Avec le déclin de la Guerre froide et l'émergence de la mondialisation, les théories du complot ont commencé à se concentrer sur des organisations internationales telles que les Nations Unies ou le Groupe Bilderberg. Certains prétendent que ces entités travaillent à créer un gouvernement mondial unique, tandis que d'autres voient des complots dans les tentatives de contrôler les ressources mondiales ou de manipuler les événements économiques. L'avènement de la technologie numérique a ensuite offert une plate-forme sans précédent pour la diffusion et l'amplification des théories du complot. La possibilité de partager des informations en temps réel et de se connecter avec des personnes partageant des idées similaires dans le monde entier a donné une voix à de nombreuses théories, dont certaines étaient auparavant confinées à des niches extrêmement restreintes. La désinformation, les fausses nouvelles et la manipulation de l'information ont atteint des niveaux sans précédent, rendant de plus en plus difficile pour l'individu moyen de distinguer entre faits et fiction. Au cours du XXIe siècle, nous avons assisté à une augmentation des théories du complot liées au changement climatique, à la biotechnologie et aux innovations scientifiques. La rapidité des progrès dans ces domaines a conduit de nombreuses personnes à spéculer sur les véritables intentions derrière de tels développements. En même temps, l'émergence de pandémies mondiales telles que le COVID-19 a remis en avant les théories du complot concernant la création de virus en laboratoire ou les complots pharmaceutiques. L'interaction entre les événements historiques, les développements technologiques et les besoins psychologiques humains a assuré que les théories du complot restent une constante, bien que changeante, dans l'histoire humaine. Alors que les circonstances et les détails spécifiques peuvent changer, la tendance à rechercher des schémas cachés, des agents secrets et des forces obscures derrière les événements mondiaux persiste. Et tandis que les théories du complot peuvent souvent être facilement réfutées, leur persistance dans le tissu de la société reflète des insécurités profondes, des peurs et le désir de comprendre un monde en évolution constante.

En plus de ce qui a déjà été discuté, il est intéressant de noter comment les théories du complot se sont manifestées dans différentes cultures et régions du monde, montrant un mélange de thèmes universels et de préoccupations locales spécifiques. Alors que dans l'Occident, on pourrait mentionner les Illuminati ou les complots concernant la mort de personnalités comme Marilyn Monroe, dans d'autres parties du monde, les théories du complot ont une nuance locale distincte. Au Moyen-Orient, par exemple, les théories du complot tournent souvent autour des conflits régionaux, des interventions étrangères et des tensions religieuses. On pourrait trouver des personnes qui croient fermement qu'il y a des complots en coulisses orchestrés par des puissances occidentales pour contrôler les ressources pétrolières ou manipuler la politique régionale. Les révolutions et les coups d'État alimentent souvent ces théories, car la population cherche à donner un sens à des événements tumultueux et souvent tragiques.

En Asie, les théories du complot peuvent se focaliser sur des thèmes tels que la suprématie régionale, les conflits territoriaux et la diffusion du soft power. Par exemple, les tensions entre l'Inde et la Chine ont donné lieu à diverses théories, tout comme les questions liées à la mer de Chine méridionale. L'influence culturelle et technologique du Japon au cours du XXe siècle, suivie de son ascension et de sa chute économique, a également laissé place à de nombreuses spéculations et narrations conspirationnistes.

En Afrique, les théories du complot sont souvent liées aux liens postcoloniaux, aux ressources naturelles telles que les diamants ou les terres rares, ainsi qu'aux changements politiques rapides. L'ingérence des puissances étrangères, l'expansion des multinationales et les questions relatives aux droits de l'homme alimentent de telles théories. Le continent possède une histoire complexe d'ingérences extérieures, d'exploitation et de résistance, offrant un terrain fertile à l'émergence de théories du complot.

En Amérique latine, avec ses révolutions, ses coups d'État et son histoire d'ingérences étrangères, notamment par les États-Unis pendant la Guerre froide, elle possède une riche tradition de théories du complot. L'Opération Condor, une opération secrète entre divers gouvernements d'Amérique du Sud pour combattre l'insurrection communiste, n'est qu'un exemple de comment la réalité peut parfois surpasser la fiction. De plus, des figures comme Che Guevara, Fidel Castro et de nombreux autres leaders latino-américains sont souvent au centre de théories du complot cherchant à décrypter les véritables motifs derrière leurs actions et leurs décès.

À l'ère moderne, l'interconnexion mondiale et la diffusion des technologies de communication ont permis une fusion de théories du complot provenant de différentes parties du monde. Ce mélange mondial a donné naissance à des récits encore plus complexes et élaborés. Des théories autrefois confinées à une région particulière trouvent désormais écho à des milliers de kilomètres de distance. Ce phénomène a amplifié la portée et l'impact de telles théories, créant un terrain d'entente pour des individus de différents milieux culturels et géographiques.

De plus, l'intersection de ces théories avec la culture populaire a encore embrouillé la frontière entre réalité et fiction. Avec le cinéma, la littérature et les séries télévisées qui puisent souvent dans de véritables théories du complot pour créer des intrigues captivantes, il devient de plus en plus difficile pour le public de discerner où se termine la réalité et où commence la fantaisie. Cet enchevêtrement complexe a conduit à une diffusion et une acceptation accrues de telles théories dans des sociétés qui pourraient autrement être sceptiques.

Enfin, on ne peut ignorer le rôle des plateformes de médias sociaux. Avec des algorithmes conçus pour maximiser l'engagement, on finit souvent par créer des chambres d'écho, où les gens sont principalement exposés à des informations qui renforcent leurs convictions et leurs craintes préexistantes. Dans un tel environnement, les théories du complot peuvent prospérer sans entrave, alimentant les divisions et la méfiance envers les institutions et les vérités établies.

Définition du "Nouvel Ordre Mondial" Le terme "Nouvel Ordre Mondial" (NOM) a eu différentes significations au fil des années et peut se référer à la fois à une véritable évolution politique et géopolitique ainsi qu'à des théories conspirationnistes populaires. Voici une définition détaillée : Nouvel Ordre Mondial

(NOM) Définition Géopolitique : Dans un contexte historique et géopolitique, le terme "Nouvel Ordre Mondial" a été utilisé pour décrire des changements fondamentaux dans le pouvoir politique et les relations internationales. Il est souvent évoqué lors de périodes de grands changements ou de perturbations mondiales. • Après la Première Guerre Mondiale : L'utilisation du terme peut être retracée à l'après-Première Guerre Mondiale, lorsque les nations cherchaient à créer un nouvel équilibre de pouvoir et à prévenir les conflits futurs. Ce désir s'est manifesté par la création de la Société des Nations. • Après la Seconde Guerre Mondiale : Le terme a été à nouveau utilisé après la Seconde Guerre Mondiale, en particulier par des personnalités telles que Winston Churchill. Le "Nouvel Ordre Mondial" de cette période était caractérisé par la naissance des Nations Unies, la division du monde en blocs oriental et occidental pendant la Guerre Froide, et la décolonisation de l'Afrique et de l'Asie. • Fin de la Guerre Froide : Dans les années 90, après l'effondrement de l'Union Soviétique, le terme a été de nouveau évoqué pour décrire un monde unipolaire dominé par les États-Unis, avec l'émergence de nouvelles puissances économiques comme la Chine et l'Inde. Théories Conspirationnistes : D'autre part, dans les théories conspirationnistes, le "Nouvel Ordre Mondial" fait souvent référence à un prétendu plan secret orchestré par des élites mondiales pour établir un gouvernement mondial unifié, qui aurait un contrôle total sur tous les aspects de la vie humaine. Ces théories sont souvent liées à des thèmes tels que : • Contrôle global : L'idée qu'un petit groupe d'élites puissantes travaille en coulisses pour instaurer un gouvernement mondial unique. • Symbolisme : Les partisans de ces théories citent souvent des symboles tels que l'œil omniprésent ou la pyramide comme preuve de ces plans secrets. Ces symboles sont vus sur les billets de banque, les bâtiments et d'autres endroits, interprétés comme des manifestations de l'influence occulte du NOM. • Organisations : Des entités telles que les Nations Unies, le Fonds Monétaire International, le Groupe Bilderberg, les Francs-Maçons et les Rothschild sont souvent citées comme des outils ou des acteurs de ce prétendu complot. • Événements mondiaux : Chaque grande crise ou événement international, comme les guerres, les crises financières ou les pandémies, est vu par certains comme des étapes vers l'établissement de cet ordre mondial. Il convient de souligner que, tandis que la dynamique géopolitique est un domaine d'étude légitime basé sur des faits et des analyses historiques, les théories conspirationnistes du Nouvel Ordre Mondial sont souvent basées sur des spéculations, des interprétations erronées et de la désinformation. La compréhension du terme "Nouvel Ordre Mondial" dépend donc fortement du contexte dans lequel il est utilisé. Le concept du "Nouvel Ordre Mondial" n'est pas seulement enraciné dans la politique et les théories conspirationnistes, mais a également des implications culturelles, économiques et sociales profondes. L'idée même d'un changement radical dans l'ordre mondial soulève des préoccupations concernant la souveraineté, la culture et l'identité. Sur le plan économique, la montée de la mondialisation a souvent été associée au concept d'un Nouvel Ordre Mondial. L'intégration économique, la montée des multinationales et la fluidité du capital à travers les frontières ont réduit le pouvoir des États-nations individuels de contrôler complètement leurs économies. Cette perte de contrôle a alimenté des peurs et des spéculations. Certains y voient un plan délibéré pour centraliser le pouvoir économique, tandis que d'autres le voient comme une évolution naturelle du capitalisme et de la technologie. La technologie, en particulier l'avènement de l'ère numérique, a joué un rôle fondamental dans la formation des perceptions du Nouvel Ordre Mondial. La rapidité avec laquelle les informations peuvent maintenant être partagées et diffusées a transformé la manière dont les gens perçoivent le monde qui les entoure. Internet a donné une voix à de nombreuses personnes qui n'en avaient pas auparavant, permettant la formation de communautés et de groupes de pensée qui remettent souvent en question les récits traditionnels. Cette démocratisation de l'information a également ouvert la porte à la désinformation et à la manipulation, créant un environnement propice à la prolifération de théories conspirationnistes. Sur le plan culturel, l'idée d'un Nouvel Ordre Mondial soulève des préoccupations concernant l'homogénéisation des cultures et la perte d'identités culturelles uniques. Dans un monde de plus en plus interconnecté, il y a la crainte que les cultures dominantes puissent submerger et remplacer les cultures minoritaires, conduisant à un monde plus uniforme mais aussi moins riche. Cette tension entre mondialisation et préservation culturelle a alimenté de nombreuses discussions et débats sur l'avenir du multiculturalisme.

L'interazione tra il concetto di Nuovo Ordre Mondial et la perception des individus a également des racines profondes dans la psychologie humaine. Comprendre comment et pourquoi les gens croient en certaines théories peut éclairer la nature persistante du concept de Nouvel Ordre Mondial. Le besoin humain de compréhension et d'ordre est au centre de cette dynamique. Lorsque nous sommes confrontés à des événements complexes ou confus, notre esprit cherche souvent des explications qui peuvent fournir un sens de l'ordre ou de la raison. Les théories du complot, comme celle du Nouvel Ordre Mondial, offrent ces explications en présentant un cadre dans lequel les événements ne sont pas le fruit du hasard, mais plutôt le résultat de plans secrets orchestrés par des figures puissantes. Cela apporte une clarté et, pour certains, un sentiment de contrôle. La manière dont les informations sont présentées et consommées à l'ère moderne joue également un rôle fondamental dans la propagation des idées liées au Nouvel Ordre Mondial. Les médias sociaux, en particulier, ont radicalement changé le paysage de l'information. Les plateformes qui favorisent les contenus sensationnalistes et divisifs peuvent amplifier les théories comme celle du Nouvel Ordre Mondial. La conception de certaines plateformes favorise les chambres d'écho, où les utilisateurs sont constamment exposés à des contenus qui renforcent leurs convictions préexistantes, peu importe la véracité de ces contenus. De plus, en périodes d'incertitude socio-économique, les gens ont tendance à chercher des coupables ou des forces obscures qui manipulent les événements à leur désavantage. L'augmentation de l'inégalité économique, les changements

démographiques et l'évolution rapide de la technologie
sont autant de facteurs qui peuvent engendrer de
l'anxiété et de l'incertitude au sein de la population.
Dans ce climat, les théories suggérant un ordre caché
derrière le chaos peuvent gagner du terrain.
L'importance de l'identité et de l'appartenance ne peut
pas être négligée. Pour de nombreuses personnes,
croire en des théories telles que le Nouvel Ordre
Mondial devient une part fondamentale de leur
identité. Faire partie d'une communauté de croyants
peut fournir un sentiment d'appartenance et de
compréhension. Cela peut également renforcer
davantage les convictions, car les défis ou les critiques
à l'égard de ces théories sont perçus non seulement
comme des attaques contre les idées elles-mêmes, mais
aussi comme des attaques personnelles. Un autre
aspect à prendre en compte est l'évolution de la
géopolitique et de la diplomatie. Alors que les nations
se dirigent vers un plus grand multilatéralisme et une
interdépendance accrue, les décisions sont souvent
prises au sein de forums internationaux tels que les
Nations Unies, le G7, le G20 et d'autres organisations.
Ce passage du nationalisme traditionnel à des solutions
globales pour des problèmes globaux peut être
interprété par certains comme un pas vers un
"gouvernement mondial", alimentant davantage les
théories du Nouvel Ordre Mondial. En résumé, le
concept du Nouvel Ordre Mondial est un amalgame de
réalités historiques, de préoccupations géopolitiques,
de peurs psychologiques et d'influences culturelles.
Alors que le monde change et s'adapte à de nouveaux
défis, il est probable que les interprétations et les
perceptions du Nouvel Ordre Mondial continueront

d'évoluer et de s'adapter en conséquence. Le concept du "Nouvel Ordre Mondial" est souvent entrelacé avec des thèmes liés à l'évolution des structures de pouvoir et à l'émergence de nouvelles technologies. Chaque innovation technologique, chaque variation dans l'équilibre des pouvoirs entre les nations et chaque nouvelle tendance socioculturelle peuvent devenir un terrain fertile pour les interprétations et les spéculations. Si nous examinons les technologies émergentes, nous pouvons voir comment l'intelligence artificielle, la biotechnologie et le réseau 5G, par exemple, ont souvent suscité des préoccupations et des théories concernant leur lien avec un prétendu Nouvel Ordre Mondial. L'intelligence artificielle, avec sa capacité à traiter et analyser d'énormes quantités de données, pourrait théoriquement être utilisée pour surveiller et influencer le comportement humain à une échelle sans précédent. Ce pouvoir potentiel a conduit de nombreuses personnes à spéculer sur l'utilisation de ces technologies par des groupes d'élite pour contrôler les masses. Parallèlement, la biotechnologie, en particulier la capacité de modifier génétiquement les organismes, a suscité des craintes quant aux manipulations possibles de l'être humain. Les spéculations vont de la création de "super soldats" à la manipulation génétique pour contrôler ou influencer les capacités cognitives ou émotionnelles des individus. Le déploiement et la diffusion du réseau 5G ont généré une série de théories conspirationnistes, certaines suggérant que cette technologie pourrait être utilisée pour exercer un contrôle direct ou indirect sur la population. Ces idées s'appuient souvent sur des informations incorrectes ou trompeuses, mais l'essence de ces théories réside dans la peur de l'inconnu et dans la méfiance envers les nouvelles technologies peu comprises.

Les structures économiques mondiales sont également au cœur des discussions sur le Nouvel Ordre Mondial. Des institutions telles que le Fonds Monétaire International, la Banque Mondiale et le Forum Économique Mondial sont perçues par certains comme des outils d'une élite mondiale visant à dominer l'économie mondiale. Les décisions prises par ces organisations peuvent avoir un impact profond sur l'économie de nations entières, et le manque de transparence ou de compréhension de ces processus décisionnels peut nourrir davantage de spéculations et de théories. L'intérêt croissant pour les cryptomonnaies et la technologie blockchain offre un autre exemple de la manière dont les nouvelles tendances peuvent alimenter le discours sur le Nouvel Ordre Mondial. Alors que certaines personnes voient les cryptomonnaies comme un moyen d'échapper au contrôle des gouvernements et des banques centrales, d'autres théorisent qu'elles pourraient être utilisées par des groupes d'élite pour créer une monnaie mondiale unique, consolidant ainsi davantage le contrôle sur l'économie mondiale. Enfin, on ne peut ignorer l'influence de la culture populaire dans la formation et la diffusion des idées liées au Nouvel Ordre Mondial. Les films, les livres, les séries télévisées et la musique explorent souvent des thèmes de contrôle, de manipulation et de pouvoir caché, et ces récits peuvent influencer la perception du public de la réalité du monde dans lequel il vit. Alors que de nouvelles tendances émergent et que la société continue d'évoluer, les interprétations et les spéculations sur le Nouvel Ordre Mondial s'adapteront inévitablement, reflétant les angoisses et les préoccupations de l'époque dans laquelle nous vivons.

L'idée du "Nouvel Ordre Mondial", dans ses multiples formes, représente un complexe mélange de peurs, d'attentes et d'interprétations sur l'avenir de la société mondiale. Ce concept s'est profondément enraciné dans l'imaginaire collectif, évoluant et s'adaptant à de nouveaux contextes et défis émergents. Au cœur de ces théories se trouve la tension entre l'individu et les structures de pouvoir. L'histoire a montré que, avec le temps, les structures de pouvoir changent, évoluent et parfois se consolident. Qu'il s'agisse d'empires en expansion ou de nouveaux blocs économiques émergents, la dynamique entre le pouvoir centralisé et l'autonomie individuelle ou nationale a toujours suscité débats et spéculations. À l'ère moderne, la rapidité de l'innovation technologique a amplifié ces tensions. L'accès à l'information, les communications instantanées et la capacité d'influencer de vastes segments de la population via les médias numériques ont créé des opportunités sans précédent, mais aussi de nouveaux défis en termes de confidentialité, d'autonomie et de liberté. L'interprétation et la réponse au concept de "Nouvel Ordre Mondial" varient considérablement. Pour certains, il représente une opportunité de créer un monde plus uni et collaboratif, où les défis mondiaux peuvent être abordés collectivement. Pour d'autres, il évoque des craintes de contrôle centralisé, de perte de souveraineté et de libertés personnelles. Ces perceptions sont encore compliquées par la nature de plus en plus complexe de la géopolitique et de la diplomatie internationale. Dans un monde où les décisions économiques, politiques et sociales sont souvent prises dans des contextes internationaux, il est inévitable que des questions se posent sur la nature et l'origine de ces décisions. L'opacité de certaines de ces institutions mondiales alimente davantage de spéculations. En conclusion, le "Nouvel Ordre Mondial", dans son essence, n'est pas tant une réalité concrète qu'une lentille à travers laquelle les gens cherchent à interpréter et donner un sens à un monde en rapide évolution. Il reflète les angoisses, les espoirs et les attentes de l'humanité concernant son avenir. En tant que tel, alors que le monde continue d'évoluer, il est probable que les discussions et les spéculations sur ce concept persistent, offrant une fenêtre sur les dynamiques complexes entre les individus, la société et les structures de pouvoir au 21e siècle.

Les moyens de diffusion La propagation des théories du complot n'est pas un phénomène nouveau, mais les façons dont ces théories sont communiquées et partagées ont considérablement évolué au fil du temps. Les moyens par lesquels ces idées sont véhiculées jouent un rôle fondamental dans la détermination de leur portée et de leur influence. Le rôle des médias traditionnels : Depuis toujours, les journaux, les magazines, la radio et la télévision ont eu le pouvoir de façonner l'opinion publique. Les théories du complot, lorsqu'elles sont traitées par les médias traditionnels, peuvent gagner une légitimité apparente simplement parce qu'elles sont présentées sur une plateforme reconnue.

• Résonance : Une histoire sensationnaliste ou une théorie intrigante peut attirer l'attention du public, incitant les médias à lui accorder de l'espace. Cela peut entraîner un effet d'amplification, où une théorie marginale peut sembler plus répandue ou acceptée qu'elle ne l'est réellement. • Crédibilité : La présentation d'une théorie dans un contexte médiatique traditionnel, surtout si elle n'est pas adéquatement contextualisée ou contredite, peut lui conférer une apparence de crédibilité. • Agenda Setting : Les médias traditionnels ont la capacité de définir l'agenda du débat public. S'ils choisissent de se concentrer sur une théorie ou un sujet particulier, ils peuvent influencer indirectement l'importance que le public accorde à ce sujet. L'impact des médias sociaux : Avec l'avènement des médias sociaux, la dynamique de la diffusion de l'information a subi une transformation profonde. Des plateformes telles que Facebook, Twitter, YouTube et TikTok ont démocratisé l'accès à l'information, permettant à quiconque de partager et de diffuser ses propres idées.

• Viralité : Une des caractéristiques clés des médias sociaux est la capacité de rendre une idée virale. Une théorie du complot peut rapidement gagner du terrain et se propager à des millions de personnes en quelques heures ou jours. • Chambre d'écho : Les plateformes sociales utilisent souvent des algorithmes qui montrent aux utilisateurs du contenu similaire à ce qu'ils ont déjà aimé ou partagé. Cela peut créer des "chambres d'écho", où les individus sont principalement exposés à des informations qui renforcent leurs croyances préexistantes, réduisant l'exposition à des points de vue contradictoires. • Sources non vérifiées : Contrairement aux médias traditionnels, qui ont généralement des rédactions et des processus de vérification de l'information, sur les médias sociaux, n'importe qui peut publier du contenu. Cela a conduit à une propagation sans précédent de fausses nouvelles, de déformations et de théories infondées. En résumé, alors que les médias traditionnels peuvent conférer une sorte de "signal de légitimité" à certaines théories, les médias sociaux les amplifient et les diffusent à un rythme sans précédent. Cette combinaison a rendu les théories du complot plus répandues que jamais dans notre société moderne.

La diffusion des théories du complot dans les médias traditionnels et les médias sociaux ne peut pas être comprise sans prendre en compte les changements culturels et technologiques des dernières décennies. Dans les années 1970 et 1980, avant l'avènement d'Internet, les théories du complot étaient souvent confinées à de petites communautés, à des publications de niche et à des émissions de radio de minuit. La barrière à l'entrée pour avoir une voix dans les médias était assez élevée ; les maisons d'édition, les diffuseurs de télévision et les stations de radio avaient le contrôle sur la plupart des contenus que le public consommait. Avec l'avènement de la télévision par câble dans les années 1990, le paysage médiatique a commencé à se diversifier. Des chaînes dédiées à des sujets de niche ont émergé, offrant des plates-formes à des voix qui auraient auparavant eu du mal à trouver une place dans les médias grand public. Cette période a vu l'émergence de programmes explorant les mystères, les OVNI et d'autres théories alternatives, portant ces idées à un public beaucoup plus large. L'avènement d'Internet a ensuite révolutionné davantage la diffusion de l'information. Les forums en ligne, comme ceux sur Usenet, sont devenus des endroits où les théories du complot pouvaient être discutées et développées. Ces espaces virtuels ont permis à des personnes du monde entier de partager des informations, qu'elles soient crédibles ou non. Cependant, c'est avec la naissance des médias sociaux au tournant du millénaire que la diffusion des théories du complot a vraiment explosé. Avec des plateformes comme Facebook, Twitter et YouTube, les gens pouvaient non seulement consommer du contenu, mais aussi le créer et le partager. Cela a considérablement réduit la barrière à l'entrée pour le partage d'informations. Les théories, qu'elles soient vraies ou non, pouvaient maintenant devenir virales en quelques heures seulement, atteignant des millions, voire des milliards de personnes. Un autre élément crucial dans la diffusion des théories du complot sur les médias sociaux est la personnalisation du contenu. Les algorithmes de nombreuses plateformes sociales montrent aux utilisateurs du contenu basé sur leurs comportements en ligne précédents. Cela signifie que si un utilisateur s'intéresse à une théorie du complot particulière, il est probable qu'il verra du contenu similaire à l'avenir. Cet renforcement constant peut solidifier les croyances et isoler les utilisateurs de points de vue contradictoires. De plus, la nature des médias sociaux encourage la formation de communautés. Alors qu'auparavant, les personnes croyant à des théories alternatives pouvaient se sentir isolées, elles peuvent maintenant facilement trouver et interagir avec des milliers de personnes partageant les mêmes idées. Ces groupes peuvent agir comme des chambres d'écho, où les idées sont constamment renforcées sans être remises en question. Un autre point à souligner est la méfiance croissante envers les médias traditionnels. Des études ont montré que la confiance dans le journalisme et les institutions traditionnelles diminue dans de nombreuses régions du monde. Cette méfiance peut pousser les gens vers des sources alternatives d'information, qui incluent souvent des théories du complot.

L'interaction entre les médias traditionnels et les nouveaux médias dans la diffusion des théories du complot nous offre un aperçu fascinant et complexe de la nature changeante de l'information et de sa perception à l'ère numérique. D'une part, les médias traditionnels, avec leur autorité historique et leurs rédactions professionnelles, détiennent toujours un pouvoir significatif pour définir et modeler les récits dominants. Ces organes, souvent soutenus par des siècles de réputation, peuvent, grâce à une sélection et une présentation précises des nouvelles, mettre en avant des théories ou des sujets particuliers, les rendant centraux dans le débat public. Cependant, c'est précisément cette autorité qui a suscité, dans certains cas, la méfiance de certaines parties de la population, entraînant des sentiments de défiance et l'accusation de représenter des "narrations officielles" plutôt que des vérités objectives. D'autre part, les médias sociaux et les plates-formes numériques ont démocratisé l'accès et la distribution de l'information comme jamais auparavant. Cette démocratisation, bien que positive pour la promotion de la liberté d'expression, a également apporté avec elle la propagation généralisée de la désinformation, des fausses nouvelles et des théories non vérifiées. La nature des algorithmes, conçus pour maximiser l'interaction et l'engagement, amplifie souvent encore davantage ces théories, entraînant les utilisateurs dans une spirale de confirmation de leurs propres convictions, les isolant de vues contradictoires et contestées. Mais que signifie tout cela pour la société moderne ? L'intersection de ces deux mondes médiatiques a créé un écosystème d'information où la vérité est souvent fluide, sujette à interprétation et, dans certains cas, manipulation. Dans un tel environnement, la capacité d'exercer une pensée critique, de questionner l'origine et la validité des informations devient essentielle. L'impulsion humaine à rechercher des modèles, des connexions et des significations, surtout en période d'incertitude, a toujours alimenté l'attraction envers les théories du complot. Mais à une époque caractérisée par une surcharge d'informations et une polarisation croissante, le besoin de discernement et d'une citoyenneté éclairée et critique devient encore plus crucial. En fin de compte, la responsabilité incombe non seulement aux médias, mais aussi aux individus, de s'éduquer et d'aborder l'information avec un sain scepticisme et un désir de compréhension.

Théories du complot populaires Les théories du complot ont toujours joué un rôle dans l'imaginaire collectif, offrant des explications alternatives à des événements ou circonstances qui échappent souvent à la compréhension commune. Certaines de ces théories sont devenues particulièrement populaires, souvent grâce à leur diffusion à travers divers médias. Voici un examen de certaines des théories du complot les plus connues et persistantes : Les Illuminati : À l'origine, les Illuminati étaient un groupe réel fondé en 1776 en Bavière, en Allemagne. Il s'agissait d'une société secrète avec des objectifs illuministes, promouvant la liberté individuelle et s'opposant au contrôle religieux et princier sur la vie des gens. Cependant, avec le temps, le terme "Illuminati" a été associé à de nombreuses théories du complot, prétendant que ce groupe secret aurait réussi à infiltrer diverses institutions mondiales, acquérant un contrôle invisible sur le monde. Ces théories suggèrent que les Illuminati sont derrière divers événements mondiaux, travaillant dans l'ombre pour établir un "Nouvel Ordre Mondial". Leur présence est souvent associée à des symboliques cachées dans les films, la musique et même les billets de banque. Contrôle de la population : La théorie du contrôle de la population affirme que des groupes d'élites ou gouvernementaux cherchent à contrôler ou réduire la population mondiale par divers moyens. Ces méthodes incluent, mais ne se limitent pas à, les vaccinations, le contrôle des naissances, les aliments génétiquement modifiés et même les épidémies provoquées. L'un des exemples les plus cités dans cette théorie est l'Agenda 21 des Nations Unies, souvent interprété à tort comme un plan visant à dépeupler la planète, alors qu'il s'agit en réalité d'un effort pour promouvoir la durabilité à l'échelle mondiale. Ufologie et conspirations extraterrestres : Peut-être l'une des théories du complot les plus fascinantes et répandues concerne les OVNI et l'existence de vie extraterrestre. Cette théorie suggère que les gouvernements et les institutions ont secrètement interagi avec des civilisations extraterrestres ou ont dissimulé des preuves d'observations d'OVNI. L'incident de Roswell en 1947, où l'on prétend qu'un disque volant s'est écrasé au Nouveau-Mexique, est souvent cité comme un exemple majeur de cette dissimulation. D'autres théories affirment que la technologie extraterrestre a été récupérée et utilisée pour des développements technologiques secrets, ou que des bases extraterrestres sont cachées, comme la célèbre Zone 51. La popularité de ces théories du complot peut être attribuée à une combinaison de facteurs, notamment la méfiance envers les institutions, le besoin humain de trouver des réponses à des questions non résolues et leur large diffusion à travers divers médias. Malgré le manque fréquent de preuves tangibles, leur persistance dans le temps témoigne de leur impact sur la psyché collective.

L'attraction exercée par les théories du complot, en particulier celles qui suscitent un grand intérêt comme les Illuminati, le contrôle de la population et les conspirations extraterrestres, peut être considérée comme le reflet des inquiétudes, des curiosités et des angoisses collectives. Alors que l'on pourrait se demander pourquoi tant de personnes sont attirées par ces récits, la réponse pourrait résider dans une combinaison de facteurs psychologiques, historiques et culturels. Prenons par exemple les Illuminati. L'attrait de cette théorie réside en partie dans le mystère et la clandestinité. Nous vivons à une époque où les nouvelles mondiales sont constamment à portée de main, et l'idée qu'il puisse encore exister des secrets profonds alimente la curiosité. Les Illuminati sont souvent dépeints comme des marionnettistes manipulant les événements mondiaux, suggérant qu'un ordre caché se trouve derrière la complexité et le chaos apparent du monde moderne. Ce besoin de trouver un ordre dans le chaos peut rassurer certaines personnes en offrant une explication à des événements autrement incompréhensibles. La théorie du contrôle de la population, en revanche, est profondément enracinée dans les angoisses contemporaines concernant la surpopulation, les ressources limitées et l'autorité gouvernementale. Dans un monde où l'information sur la croissance démographique, le changement climatique et les ressources est constamment disponible, la crainte qu'il puisse y avoir un programme caché pour contrôler ou limiter la croissance démographique n'est pas complètement infondée dans l'esprit de certains. Ce type de théorie peut également découler d'une profonde méfiance envers les institutions, alimentée par de véritables scandales et des perceptions de corruption. Enfin, la fascination pour les OVNI et les conspirations extraterrestres touche profondément notre désir d'explorer et de comprendre notre place dans l'univers. Depuis des siècles, l'humanité se pose des questions sur notre rôle et la possibilité d'autres formes de vie. Avec l'avènement de la technologie spatiale et la découverte croissante d'exoplanètes, l'idée que nous ne sommes pas seuls dans l'univers ne semble plus si éloignée. Des théories telles que l'incident de Roswell ou le secret entourant la Zone 51 nourrissent cette curiosité, suggérant qu'il pourrait déjà y avoir eu des interactions entre les humains et les extraterrestres. Toutes ces théories, aussi différentes soient-elles, ont en commun une tendance à défier les récits officiels et à offrir des alternatives séduisantes qui répondent à des questions profondes ou à des peurs latentes. Leur diffusion est en outre alimentée par la nature virale des médias modernes, où des histoires controversées ou mystérieuses peuvent rapidement gagner en popularité. De plus, la capacité de communiquer et de partager des idées au sein de communautés en ligne a offert une plateforme à ces théories, leur permettant de prospérer et d'évoluer de manière dynamique.

6. Facteurs psychologiques

Pourquoi les gens croient-ils aux théories du complot ? Comprendre l'attrait des théories du complot nécessite un examen approfondi des mécanismes de l'esprit humain. Plusieurs facteurs psychologiques, souvent enracinés dans notre évolution en tant qu'espèce, nous rendent vulnérables à de telles croyances, même lorsque celles-ci sont contredites par des faits objectifs évidents. Examiner ces facteurs permet non seulement d'expliquer la popularité de telles théories, mais peut également offrir une voie pour contrer la propagation de la désinformation.

Pourquoi les gens croient-ils aux théories du complot ?

1. **Besoin de sens et de contrôle :** L'un des principaux moteurs psychologiques qui poussent les gens vers les théories du complot est le besoin inné de trouver un sens dans les événements et de ressentir un sentiment de contrôle sur le monde qui les entoure. Dans un univers apparemment chaotique, l'idée qu'il y ait un dessein caché ou des forces obscures à l'œuvre peut offrir un certain niveau de réconfort. Même si ces forces sont malveillantes, la simple idée qu'un ordre caché existe peut être préférable à l'idée d'un univers dépourvu de but.
2. **Biais de confirmation :** Les individus ont naturellement tendance à rechercher, interpréter et se rappeler les informations de manière à confirmer leurs croyances ou hypothèses préexistantes. Les théories du complot prospèrent dans cet environnement, en proposant des explications qui s'alignent sur les visions du monde de ceux qui les recherchent.
3. **Sentiment de spécificité :** Croire en une théorie du complot peut donner aux individus le sentiment de posséder une connaissance secrète ou spéciale que la "masse" n'a pas. Ce sentiment de supériorité peut renforcer davantage la croyance et l'adhésion à de telles théories.

La nécessité de trouver un ennemi

1. **Simplification de la complexité :** Le monde moderne est complexe et souvent difficile à comprendre. Attribuer les défis mondiaux, tels que les

crises économiques ou les catastrophes naturelles, à un groupe spécifique ou à un ennemi fournit une explication simplifiée. Cela rend non seulement les événements plus compréhensibles, mais offre également un point de blâme clair.

2. **Cohésion du groupe :** D'un point de vue évolutif, identifier un "ennemi extérieur" a pu renforcer la cohésion au sein d'un groupe. Cela peut être particulièrement vrai en période d'incertitude ou de crise, où la solidarité de groupe peut offrir une plus grande sécurité. Les théories du complot, en identifiant un ennemi commun, peuvent ainsi servir à renforcer les liens au sein d'une communauté.

3. **Gestion de l'anxiété et de la peur :** Dans un monde où les menaces peuvent sembler omniprésentes mais souvent intangibles (comme le changement climatique, les crises financières ou les pandémies), avoir un ennemi tangible et identifiable peut aider les individus à mieux focaliser et gérer leurs angoisses.

En résumé, les théories du complot et le besoin de trouver des ennemis sont étroitement liés aux besoins psychologiques fondamentaux des êtres humains. Ces besoins, bien que enracinés dans les mécanismes de survie de l'évolution, peuvent se manifester de manière à défier la logique et la raison à l'ère moderne. Comprendre ces facteurs peut offrir une voie pour contrer la désinformation et promouvoir une compréhension plus critique des événements mondiaux.

Le vaste paysage de la psychologie humaine, combiné à l'environnement dans lequel nous vivons, crée un réseau complexe de facteurs qui influencent notre propension à croire aux théories du complot. Si l'on considère l'histoire évolutive de l'humanité, on peut identifier une série d'éléments psychologiques profondément enracinés qui guident de telles convictions.

La peur de l'inconnu a été constante dans l'histoire de l'humanité. Face à des dangers tels que les prédateurs ou les tribus rivales, les êtres humains ont développé une tendance à être hyper-vigilants et à rechercher des schémas. Cette recherche de schémas, bien qu'elle ait autrefois permis de nous protéger contre de véritables menaces, peut maintenant nous amener à percevoir des connexions là où il n'y en a pas, alimentant ainsi la formation et la croyance en des théories du complot.

En même temps, le besoin d'appartenance à une communauté a poussé les êtres humains à rechercher des tribus ou des groupes d'appartenance. À l'ère moderne, cela peut se traduire par une tendance à former des groupes autour de croyances partagées, y compris la propagation de théories du complot comme un moyen de renforcer les liens communautaires et de définir qui fait partie de "notre" tribu et qui en est exclu.

Le désirabilité cognitive est un autre facteur crucial. Les individus ont tendance à croire ce qu'ils souhaitent être vrai, indépendamment des preuves objectives. Si une théorie du complot s'aligne sur les aspirations, les peurs ou les ressentiments d'une personne, il est plus probable qu'elle l'adopte.

De plus, dans un monde où la surcharge d'informations est la norme, de nombreuses personnes se sentent submergées par un flux constant de nouvelles et de données. Dans de telles circonstances, les théories du complot peuvent offrir une sorte de "raccourci cognitif", en proposant des explications simples et directes pour des événements par ailleurs complexes.

La défense de l'identité joue également un rôle. Les individus sont plus enclins à croire aux théories du complot qui protègent ou renforcent leur identité, en particulier s'ils ont l'impression que leur identité est attaquée. Par exemple, si une personne s'identifie fortement à un groupe politique particulier, elle pourrait être plus encline à croire aux théories du complot qui dépeignent les opposants politiques sous un mauvais jour.

Enfin, il y a un élément de rébellion contre l'autorité. La méfiance à l'égard des institutions traditionnelles, qui peut être alimentée par des événements réels érodant la confiance du public, peut pousser les individus à rechercher des explications alternatives à celles fournies par des sources officielles. Cette méfiance peut se manifester sous la forme d'une tendance à croire que ces institutions font partie de complots plus vastes.

En somme, l'esprit humain et son interaction avec l'environnement créent un terreau fertile pour la prolifération de théories du complot. Alors que la société évolue et que la technologie change la manière dont nous interagissons avec les informations et entre nous, de nouveaux facteurs émergeront probablement et influenceront cette dynamique.

L'intérêt et la confiance dans les théories du complot ne sont pas le produit d'esprits irrationnels ou ignorants, comme cela est parfois suggéré. Ils résultent plutôt d'une combinaison complexe de facteurs psychologiques, sociologiques et évolutifs qui ont façonné le comportement et la pensée humaine pendant des millénaires. Notre propension à rechercher des schémas, notre besoin d'appartenance à des communautés, le désir de confirmer nos croyances préexistantes, le besoin de simplifier un monde de plus en plus complexe et la tendance naturelle à défendre notre identité sont autant de forces profondément enracinées qui peuvent nous conduire vers des théories du complot.

La surcharge d'informations moderne, combinée à une méfiance croissante à l'égard des institutions et des sources d'information traditionnelles, a encore amplifié ces tendances. Dans un monde où les fausses informations ou les informations trompeuses peuvent se propager comme un incendie sur les médias sociaux, de nombreuses personnes se retrouvent à faire face à un déluge d'informations sans les compétences nécessaires pour discerner les faits de la fiction. Cela peut conduire à une plus grande inclination envers des théories qui, même si elles ne sont pas étayées par des preuves concrètes, semblent offrir de la clarté et confirmer les visions du monde préexistantes.

Pourtant, alors que nous comprenons les facteurs à l'origine de la croyance dans les théories du complot, il devient également évident que faire face à ce phénomène n'est pas une tâche simple. Il ne s'agit pas seulement d'éduquer les gens avec des "faits réels", mais de faire face aux besoins psychologiques et sociaux sous-jacents qui guident de telles croyances. Ce n'est qu'à travers une approche holistique, combinant éducation, compréhension et empathie, que nous pouvons espérer contrer la montée croissante de la désinformation et des théories du complot dans le monde moderne.

7. Impact sur la société • Méfiance envers les institutions. • Influence sur les décisions politiques.

Impact sur la société Les théories du complot ne sont pas seulement le produit de la culture populaire ou des sujets marginaux de débats en ligne. Elles ont un impact tangible et souvent omniprésent sur la société en général. Pour comprendre pleinement cet impact, il est essentiel d'examiner comment ces théories influencent la confiance envers les institutions et les décisions politiques.

Méfiance envers les institutions :

1. **Érosion de la confiance :** L'une des principales conséquences des théories du complot est l'érosion de

la confiance envers les institutions publiques et privées. Lorsque les gens croient que ces entités sont impliquées dans des activités secrètes ou malveillantes, ils peuvent devenir méfiants envers tout ce qu'elles représentent, des messages officiels aux initiatives proposées.

2. **Rejet de la science et de l'expertise :** À une époque où la science et la technologie jouent un rôle crucial dans la société, la méfiance envers les institutions peut conduire au rejet des connaissances et des compétences professionnelles. Cela est particulièrement évident dans le contexte des vaccins, du changement climatique et d'autres questions scientifiques importantes.

3. **Affaiblissement des institutions démocratiques :** La confiance est un pilier des démocraties fonctionnelles. La méfiance envers les institutions telles que les organes électoraux ou les médias peut miner la confiance dans le processus démocratique lui-même, entraînant une érosion de la participation civique et des tensions sociales.

Influence sur les décisions politiques :

1. **Mobilisation politique :** Les théories du complot peuvent servir de catalyseurs à la mobilisation politique. Si un groupe de personnes croit fermement qu'il y a un complot contre eux, elles peuvent se rassembler pour le combattre, influençant directement la politique au niveau local, national ou international.

2. **Prise de décisions basées sur la peur :** Les décisions politiques peuvent être prises sur la base de théories du complot plutôt que sur des preuves

concrètes ou des analyses objectives. Cela peut conduire à des politiques inefficaces ou préjudiciables qui n'abordent pas les véritables défis de la société.

3. **Polarisation :** Les théories du complot peuvent intensifier la polarisation politique. Lorsque des groupes opposés adhèrent à des récits différents, souvent incompatibles, sur la façon dont le monde fonctionne, le terrain d'entente se rétrécit, rendant difficile le dialogue constructif ou le compromis.

4. **Les théories du complot, en se répandant comme de vastes toiles d'hypothèses et de conjectures, n'affectent pas seulement la confiance individuelle, elles perturbent également toute la structure sociale.** En prenant racine dans les profondeurs de la psyché collective, ces théories peuvent proliférer et se manifester de manière parfois subtile et parfois évidente.

5. **En regardant les institutions, par exemple, la santé a été l'une des victimes les plus fréquentes des théories conspirationnistes, surtout à l'ère moderne.** Considérez l'idée largement répandue que les traitements ou remèdes pour certaines maladies sont intentionnellement cachés au public pour garantir des profits aux entreprises pharmaceutiques. Cette perception nourrit non seulement la méfiance envers les médecins et les chercheurs, mais peut également amener les gens à éviter les traitements vitaux ou à recourir à des soins alternatifs non testés.

6. **Même le domaine de l'éducation n'est pas à l'abri.** L'idée qu'il existe un "curriculum caché" ou que des choix éducatifs sont faits pour promouvoir un certain ordre mondial peut compromettre l'efficacité

de l'éducation elle-même. Les enseignants peuvent se retrouver sous le feu des critiques, et les institutions éducatives peuvent être considérées avec suspicion, compromettant ainsi la valeur et l'intégrité du système éducatif dans son ensemble.

7. **Dans le domaine politique, les théories du complot peuvent altérer les perceptions des relations internationales.** L'idée que certaines nations agissent dans l'ombre pour déstabiliser d'autres pays, ou que les organisations internationales ont des objectifs secrets, peut conduire à des politiques étrangères déformées et à des décisions basées davantage sur des peurs infondées que sur des analyses réalistes.

8. **En outre, dans le monde de l'industrie et des finances, les idées de cartels secrets ou de sociétés contrôlant le flux mondial d'argent peuvent conduire à une réglementation excessive ou, à l'inverse, à un manque de supervision où elle est effectivement nécessaire.**

9. **La culture populaire, y compris les films, les livres et les émissions de télévision, amplifie souvent ces théories, leur donnant une plateforme plus large.** Bien que dans certains cas, cela puisse entraîner une plus grande sensibilisation et un débat constructif, cela sert souvent simplement à propager davantage la désinformation.

10. **En termes de relations interpersonnelles, les théories du complot peuvent créer des divisions.** Les amitiés et les liens familiaux peuvent être mis à l'épreuve lorsque l'un croit fermement en une théorie conspirationniste et l'autre pas. Ces

divisions peuvent s'étendre à des communautés entières, créant des environnements où la méfiance et la paranoïa sont la norme plutôt que l'exception.

11. **Tous ces effets, combinés, peuvent avoir un impact profond et durable sur la société.** De la méfiance généralisée envers les institutions et les leaders, aux divisions communautaires et relationnelles, l'ombre des théories du complot s'étend bien au-delà des simples bavardages ou des théories de niche.

L'emploi et l'influence des théories du complot dans la société contemporaine ne doivent pas être pris à la légère. Ces systèmes de croyances, souvent enracinés dans des peurs profondes et des malentendus, ont la capacité unique d'altérer la perception de la réalité, de miner la confiance fondamentale qui maintient notre société unie et de causer des répercussions tangibles au niveau des décisions individuelles et collectives. La méfiance systématique envers les institutions résultant de ces théories n'est pas seulement une émotion passagère ou un phénomène isolé. Il s'agit d'une érosion de la confiance qui peut affaiblir les fondements mêmes de nos sociétés démocratiques. Lorsque les gens commencent à douter des institutions - qu'elles soient gouvernementales, éducatives, sanitaires ou médiatiques - la cohésion sociale et la stabilité peuvent être mises en danger. Le consensus collectif, qui permet aux sociétés de fonctionner en douceur, est compromis. Les décisions politiques influencées par les théories du complot peuvent avoir des effets à grande échelle, souvent dans des directions non prévues ou non intentionnelles. La politique basée sur la peur ou la méfiance peut conduire à des lois répressives, à des restrictions des libertés civiles ou à des politiques étrangères agressives. Et, peut-être encore plus préoccupant, lorsque les leaders eux-mêmes adhèrent à de telles théories, les décisions peuvent être prises en l'absence d'une évaluation critique ou d'une véritable compréhension des implications. L'interconnexion de ces théories avec la culture populaire et les médias modernes a encore élargi leur rayon de diffusion. À une époque où l'information peut être partagée et amplifiée en un instant, la désinformation peut se propager comme un feu de brousse, et les théories autrefois marginales peuvent rapidement devenir courantes. Cependant, il est essentiel de comprendre que, malgré leur apparente prédominance dans certains milieux, elles représentent souvent les opinions et les croyances d'une minorité vocale. Le défi pour les sociétés modernes n'est pas tant de lutter contre chaque théorie individuelle que d'éduquer les masses à penser de manière critique, à évaluer les sources d'information et à construire une résilience collective contre la désinformation. En conclusion, l'ascension et la persistance des théories du complot représentent un défi fondamental pour la société contemporaine. Aborder ce défi nécessitera des efforts conjoints de la part des éducateurs, des leaders, des médias et des citoyens pour s'assurer que la vérité et la confiance l'emportent sur la méfiance et le doute. Le tissu de la société dépend de notre capacité à naviguer dans ces eaux tumultueuses avec discernement et intégrité.

8. Le rôle de la science et de l'éducation • Théories du complot controversées telles que celles liées aux vaccins. • L'importance de l'éducation critique.

Le rôle de la science et de l'éducation La science et l'éducation ont toujours été des remparts contre l'ignorance et la superstition. Dans un monde où l'information abonde mais est souvent trompeuse, leur importance ne peut être sous-estimée. Cependant, malgré les progrès et les découvertes, la science et l'éducation se retrouvent souvent en conflit avec les théories du complot.

Théories du complot controversées telles que celles liées aux vaccins : Un exemple emblématique de ce conflit est représenté par les théories du complot liées aux vaccins. La recherche médicale a maintes fois démontré que les vaccins sont sûrs et représentent l'une des méthodes les plus efficaces pour prévenir les maladies graves. Cependant, depuis des décennies, certaines personnes ont soutenu que les vaccins causent l'autisme ou d'autres conditions médicales, même s'il n'y a aucune preuve scientifique à l'appui de telles affirmations. Ces théories conspirationnistes sur les vaccins mettent non seulement en danger la santé individuelle, mais compromettent également l'immunité collective, mettant ainsi en péril des communautés entières. La manière dont ces théories prennent racine, malgré la montagne de preuves scientifiques contraires, est un exemple clair de la façon dont les émotions, la méfiance et la désinformation peuvent l'emporter sur la logique et le bon sens. De nombreuses personnes, guidées par la peur ou le scepticisme envers les institutions, recherchent des confirmations de leurs croyances plutôt que de s'informer de manière objective.

Les théories du complot ont eu un impact significatif sur la perception publique d'événements historiques bien connus. Deux des cas les plus emblématiques qui ont suscité une quantité considérable de spéculations et de débats sont les attentats du 11 septembre 2001 et l'assassinat du président John F. Kennedy. En raison de leur résonance mondiale, ces événements ont donné lieu à de nombreuses théories qui, dans certains cas, sont devenues presque aussi populaires que les explications officielles.

Attentats du 11 septembre : Le 11 septembre 2001, une série d'attaques terroristes coordonnées par Al-Qaïda a frappé les États-Unis. Quatre avions de ligne ont été détournés par des terroristes : deux d'entre eux ont été écrasés contre les tours jumelles du World Trade Center à New York, provoquant leur effondrement ; un troisième a frappé le Pentagone à Arlington, en Virginie ; et le quatrième, le vol United Airlines 93, s'est écrasé dans un champ en Pennsylvanie après que les passagers eurent tenté de reprendre le contrôle de l'avion aux pirates de l'air. Presque immédiatement après ces attaques, des théories alternatives ont commencé à circuler sur ce qui s'était réellement passé ce jour-là. Certaines théories suggéraient que le gouvernement américain était impliqué, voire que les attaques étaient un travail interne visant à justifier la guerre au Moyen-Orient. D'autres théories pointaient du doigt des anomalies présumées dans les images des tours s'effondrant, suggérant l'utilisation d'explosifs contrôlés. Bien que ces théories aient été largement réfutées par des experts et des enquêtes officielles, elles persistent pour certains.

Assassinat de JFK : Le 22 novembre 1963, le président John F. Kennedy a été assassiné à Dallas, au Texas. Lee Harvey Oswald a été arrêté et accusé du meurtre, mais il a été tué deux jours plus tard par Jack Ruby avant de pouvoir être jugé.

L'assassinat de JFK a donné naissance à une multitude de théories du complot, certaines étant devenues populaires dans la culture populaire. Les théories varient largement : de l'implication de la mafia, au gouvernement cubain, à l'hypothèse selon laquelle il y avait plusieurs tireurs le jour de l'assassinat. La Commission Warren, mise en place pour enquêter sur l'assassinat, a conclu qu'Oswald avait agi seul. Cependant, de nombreuses personnes ont remis en question les conclusions de la Commission, soutenant qu'il y avait des incohérences dans les preuves ou qu'il y avait une dissimulation de la part des plus hautes sphères du gouvernement.

Dans les deux cas, ce qui est clair, c'est que ces événements traumatisants ont laissé un vide de compréhension. Ce vide, combiné à la méfiance envers les institutions et à la tendance humaine naturelle à rechercher des modèles et des significations, a conduit à la naissance et à la prolifération de théories alternatives cherchant à expliquer ces événements tragiques. Bien que beaucoup de ces théories aient été réfutées, leur simple existence démontre le profond besoin humain de trouver de l'ordre et de la compréhension au milieu du chaos.

La nature même des théories du complot a tendance à s'épanouir en période d'incertitude ou après des événements majeurs. À cet égard, le 11 septembre et l'assassinat de JFK représentent des terrains fertiles pour les spéculations, compte tenu de l'immense impact émotionnel et politique qu'ils ont eu sur la société. Les deux événements ont suscité une recherche frénétique de réponses, souvent au-delà de celles fournies par les autorités.

Après le 11 septembre, par exemple, un débat intense a surgi concernant la capacité d'un incendie, causé par l'impact des avions, à faire effondrer des bâtiments en acier tels que les tours jumelles. De nombreux partisans des théories du complot ont mis en évidence des vidéos et des témoignages qui, selon eux, indiquaient des explosions à la base des tours avant leur effondrement. De plus, l'effondrement du World Trade Center 7, un bâtiment à proximité des tours jumelles qui n'a pas été directement touché par un avion mais s'est effondré tout de même ce jour-là, a été au centre de nombreuses spéculations. Certains suggèrent que son effondrement était dû à une démolition contrôlée.

En ce qui concerne l'assassinat de JFK, les théories du complot ne se sont pas limitées aux tireurs possibles ou à leurs commanditaires. Il y a eu des spéculations sur le rôle du FBI et de la CIA, sur les incohérences dans les rapports balistiques et sur l'analyse du célèbre film d'Abraham Zapruder, qui a enregistré l'assassinat en temps réel. Ce dernier est devenu l'une des preuves les plus étudiées de l'histoire des États-Unis, avec des analystes scrutant chaque image à la recherche d'indices. Certains conspirationnistes affirment que la trajectoire des balles qui ont frappé Kennedy ne correspond pas à la position à partir de laquelle Oswald aurait tiré, suggérant la présence d'un deuxième tireur, positionné sur la prétendue "colline herbeuse". Un autre élément alimentant ces théories est la mort de témoins clés ou de personnalités liées à ces événements. Dans le contexte de l'assassinat de JFK, de nombreuses morts prématurées ou suspectes ont alimenté l'idée qu'il y avait une tentative systématique de dissimulation ou d'élimination d'individus pouvant révéler la "vérité". De même, après le 11 septembre, des rumeurs ont circulé selon lesquelles certains ingénieurs ou professionnels ayant exprimé des doutes sur la version officielle des événements auraient été menacés ou seraient morts dans des circonstances mystérieuses. Ces événements, dans leur complexité et leur tragédie, sont devenus de véritables symboles. Leur portée a dépassé les faits eux-mêmes, devenant des représentations des doutes, des peurs et de la méfiance des gens envers les institutions. Et dans cette atmosphère, les théories du complot ont trouvé un terrain propice pour croître, prospérer et, dans certains cas, s'enraciner profondément dans la psyché collective.

Le labyrinthe complexe des théories du complot se rapproche souvent d'une sorte de récit historique alternatif, dans lequel les détails connus et acceptés sont réinterprétés ou contestés, donnant naissance à de nouvelles histoires.

Un autre cas souvent cité dans le panthéon des conspirations est l'alunissage de 1969. Il y a ceux qui soutiennent que l'alunissage n'a jamais eu lieu et qu'il s'agissait d'une mise en scène élaborée réalisée par Hollywood à la demande du gouvernement américain pour remporter la "course à l'espace" contre l'Union soviétique. Les arguments varient de l'absence d'étoiles dans les photos prises par les astronautes, au drapeau qui flotte dans un environnement sans atmosphère, aux ombres étranges présentes sur les photographies. Bien que ces points aient été réfutés par des experts dans divers domaines, la théorie compte encore de nombreux adeptes.

L'incident de Roswell en 1947 est un autre pilier du monde des théories du complot. L'histoire officielle raconte la chute d'un ballon-sonde à Roswell, au Nouveau-Mexique. Cependant, les spéculations selon lesquelles il s'agissait vraiment d'un OVNI et que le gouvernement américain avait récupéré des corps extraterrestres sur le site du crash ont alimenté des décennies de théories. Les démentis et les révélations ultérieurs du gouvernement, plutôt que d'apaiser les spéculations, les ont souvent alimentés, créant un cercle vicieux de méfiance et de suspicion.

Même la mort de la princesse Diana en 1997 a donné lieu à une série de théories du complot. Alors que la version officielle attribue son décès à un tragique accident de voiture, certaines théories suggèrent qu'il s'agissait d'un assassinat orchestré, peut-être pour empêcher un mariage imminent ou en raison de révélations potentiellement explosives sur la famille royale britannique.

Il est intéressant de noter que de nombreuses théories du complot tournent autour de la perception d'un pouvoir caché ou d'une entité supranationale opérant dans l'ombre. Ces entités sont représentées comme des groupes omnipotents et omniscients, capables de manipuler les événements mondiaux à leur guise. Ce récit, qui pourrait ressembler au sujet d'un roman d'espionnage ou d'un thriller, trouve un écho chez de nombreuses personnes, probablement parce qu'il offre une explication simple à des questions complexes ou à des événements traumatiques.

Certaines de ces théories, avec le temps, sont devenues presque mythologiques, se transformant en récits transmis de génération en génération. Et comme tout mythe ou légende, les versions changent, s'adaptent et évoluent, mais leur essence demeure : une histoire qui défie la réalité officielle, qui remet en question le récit dominant et qui offre une version alternative des événements.

Outre les événements et les mystères que nous avons déjà abordés, il existe de nombreux autres événements historiques et contemporains qui ont été enveloppés de théories du complot. Ces théories naissent parfois d'un petit grain de vérité ou d'événements inexplicables qui ne trouvent pas d'explications immédiates ou satisfaisantes.

La mort tragique de Marilyn Monroe en 1962, officiellement classée comme un probable suicide, a donné naissance à d'innombrables théories. Certains soutiennent qu'elle a été assassinée en raison de ses prétendues relations avec les frères Kennedy et qu'elle aurait pu représenter une menace en révélant des secrets d'État. Ces spéculations sont alimentées par des éléments tels que ses derniers appels téléphoniques et les circonstances mystérieuses de sa mort.

Une autre théorie du complot largement débattue concerne la société secrète Skull and Bones, à laquelle appartiennent des étudiants sélectionnés de la prestigieuse Université Yale. On pense que de nombreux membres de cette société ont occupé des postes de grand pouvoir aux États-Unis, notamment des présidents et des chefs d'industrie. Les théories suggèrent que cette société secrète pourrait exercer une influence considérable sur les politiques mondiales et opérer en coulisses pour promouvoir ses propres intérêts.

La mystérieuse Zone 51, une base militaire située dans le Nevada, est depuis longtemps au centre de spéculations concernant les ovnis et la technologie extraterrestre. Bien que le gouvernement américain reconnaisse l'existence de la base, ses activités spécifiques restent hautement classifiées. Cela a alimenté des théories suggérant que la Zone 51 est l'endroit où des expériences sur les extraterrestres sont menées et où les technologies extraterrestres sont étudiées.

La tragédie du vol MH370 de Malaysia Airlines en 2014, qui a disparu en vol et n'a pas encore été retrouvé, a également donné lieu à de multiples théories du complot. Celles-ci vont de l'idée selon laquelle l'avion a été intentionnellement abattu ou détourné à celle selon laquelle il a été "enlevé" par des forces extraterrestres. Le manque de réponses définitives a alimenté ces spéculations.

Un thème récurrent dans de nombreuses théories du complot est l'idée du "pouvoir caché". Il s'agit de l'idée qu'il existe des individus ou des groupes qui opèrent dans l'ombre, orchestrant des événements mondiaux selon un programme caché. Cela pourrait inclure des banquiers internationaux, des élites mondiales ou des organisations secrètes comme les Bilderberg ou le Bohemian Grove.

L'attrait de ces théories pourrait résider dans le désir humain de trouver des réponses et des significations dans des événements qui semblent chaotiques ou incompréhensibles. Dans un monde de plus en plus complexe, où l'information est souvent fragmentée et abondante, ces théories offrent une sorte de récit alternatif, un moyen de relier les points et de créer une histoire cohérente, même si elle n'est pas toujours basée sur des faits vérifiables.

Au fil de l'histoire, les théories du complot ont été un moyen pour les êtres humains de tenter de donner un sens aux grands mystères, aux coïncidences ou aux événements inexplicables. Les cas célèbres que nous avons examinés ne représentent qu'une petite partie des nombreuses théories en circulation, mais ils illustrent l'influence que de telles théories peuvent avoir sur l'opinion publique et la perception des événements.

À partir de l'assassinat de JFK, un moment critique de l'histoire des États-Unis, il y a eu des débats et des recherches continus sur ce qui s'est réellement passé ce jour fatidique à Dallas. L'impact de cette théorie, en particulier, a conduit à une profonde méfiance envers le gouvernement et a jeté des ombres de suspicion sur de multiples entités, des organisations gouvernementales aux individus isolés. L'assassinat de JFK sert d'exemple frappant de la manière dont une théorie du complot peut s'infiltrer dans la psyché collective, amenant de nombreuses personnes à douter des récits officiels présentés par les autorités.

D'autre part, les attaques du 11 septembre ont donné lieu à des théories qui ont ébranlé des communautés et des nations entières. Malgré les nombreuses enquêtes et les preuves qui contredisent bon nombre de ces théories, leur persistance démontre comment des événements d'une grande portée, en particulier lorsqu'ils sont enveloppés de complexité et d'horreur, peuvent devenir un terrain fertile pour les spéculations et les soupçons.

Dans le contexte de ces événements et d'autres moins connus, ce qui émerge clairement, c'est le pouvoir des récits alternatifs. À une époque où l'accès à l'information est plus large que jamais, la capacité de discerner entre les faits concrets et les spéculations devient cruciale. Les théories du complot peuvent offrir du réconfort à ceux qui se sentent dépassés ou impuissants face aux grands événements mondiaux, en proposant des explications simples à des problèmes complexes ou en présentant des boucs émissaires pratiques. Cependant, elles peuvent également déformer la réalité, nourrir la peur et la haine, et conduire à des décisions basées sur de fausses prémices.

En conclusion, bien que les théories du complot aient toujours été une composante immuable du tissu socio-culturel de l'humanité, il est essentiel de les aborder avec un esprit critique et ouvert. Reconnaître le pouvoir et l'influence de telles théories, qu'elles soient historiques ou contemporaines, nous permet de les aborder avec une plus grande conscience et discernement, préservant ainsi la vérité et l'intégrité de notre compréhension du monde.

Théories du complot liées au pouvoir économique • Rothschild, Rockefeller et autres. • La Réserve fédérale.

Les théories du complot liées au pouvoir économique ont une longue histoire et impliquent souvent des familles influentes et des institutions bancaires centrales. Ces familles et individus ayant d'importants intérêts financiers sont souvent au cœur des spéculations concernant le contrôle occulte et la manipulation de l'économie mondiale et des politiques mondiales. Examinons quelques-uns des cas les plus emblématiques.

Rothschild, Rockefeller et autres Rothschild : L'une des familles les plus connues et fréquemment citées dans le contexte des théories du complot liées au pouvoir économique est celle des Rothschild. Originaire d'Europe centrale, cette famille de banquiers juifs s'est étendue dans toute l'Europe aux XVIIIe et XIXe siècles, en fondant des filiales bancaires dans des villes principales telles que Londres, Paris, Vienne et Naples. Leur influence financière et leurs prêts à divers gouvernements européens en ont fait la cible de nombreuses théories, dont certaines sont gravement antisémites. On spécule qu'ils contrôlent secrètement les finances mondiales et orchestrent des événements mondiaux à leur avantage.

Rockefeller : La famille Rockefeller est un autre pilier des théories du complot liées au pouvoir économique. Originaires des États-Unis, ils ont accumulé leur fortune grâce au pétrole, avec John D. Rockefeller fondant la Standard Oil, qui a ensuite été scindée en plusieurs sociétés, dont beaucoup sont encore aujourd'hui des géants de l'industrie énergétique. On croit qu'ils ont secrètement influencé la politique américaine et mondiale pendant des décennies grâce à leur immense richesse et à leurs fondations philanthropiques.

La Réserve fédérale La Réserve fédérale (souvent simplement appelée la "Fed") est la banque centrale des États-Unis et, en raison de son importance dans l'économie mondiale, elle est souvent au centre des théories du complot. Fondée en 1913, son rôle est de superviser la politique monétaire américaine, de stabiliser les prix et de maximiser l'emploi.

Cependant, sa création et ses opérations ont souvent été enveloppées de mystère pour le grand public, ce qui a conduit à des spéculations. L'une des théories les plus populaires affirme que la Fed n'est pas une partie légitime du gouvernement fédéral, mais plutôt une entité privée gérée par des banques mondiales pour leur propre bénéfice. On dit que ces banques exercent un contrôle occulte sur l'économie mondiale par le biais de la Fed.

D'autres théories suggèrent que la Fed est responsable de la création de bulles économiques et de crises, dans le but de consolider encore davantage le pouvoir entre les mains d'une élite financière.

Ces théories, bien que largement réfutées par des historiens et des économistes, persistent. Dans de nombreux cas, elles sont alimentées par une compréhension incorrecte ou simplifiée du système financier et par la nature secrète ou complexe des opérations bancaires. Être critique et bien informé est essentiel lorsque l'on aborde de telles théories, car la distorsion des faits peut avoir des répercussions réelles et nuisibles sur la société et l'économie.

L'analyse des théories du complot liées au pouvoir économique nécessite d'explorer le réseau complexe de familles, d'institutions et d'événements historiques qui sont souvent utilisés comme pièces d'un puzzle plus vaste. Au-delà de Rothschild, Rockefeller et de la Réserve fédérale, d'autres thèmes récurrents et figures controversées émergent.

Marchés et manipulation : L'un des aspects les plus discutés des théories du complot économiques concerne la manipulation des marchés financiers. On prétend que des institutions telles que la Réserve fédérale, ainsi que d'autres banques centrales, manipulent les marchés en contrôlant les fluctuations du marché boursier, des devises et des taux d'intérêt. Ces spéculations découlent de la perception selon laquelle les banques centrales ont un contrôle absolu sur le système monétaire et peuvent, par le biais d'opérations secrètes, provoquer des crises économiques ou des périodes de prospérité à leur guise.

Globalisation et contrôle : L'essor de la mondialisation est souvent associé à l'expansion du pouvoir des entreprises multinationales et des élites financières. Cette narration suggère que, bien que la mondialisation ait apporté des avantages économiques à certains, elle a également facilité la capacité des élites à consolider le pouvoir, souvent au détriment des travailleurs et des gouvernements locaux. La création d'organisations telles que l'Organisation mondiale du commerce (OMC) et le Fonds monétaire international

(FMI) est souvent perçue comme faisant partie de ce processus, ces entités servant les intérêts des grandes entreprises plutôt que des citoyens ordinaires.

Évasion fiscale et accumulation de richesses : La concentration de la richesse est devenue une préoccupation croissante à l'échelle mondiale. Les théories du complot ont mis en avant l'utilisation de schémas fiscaux complexes, de fonds offshore et de structures d'entreprise élaborées comme moyen pour les élites économiques d'éviter les impôts et d'accumuler des richesses. Ces préoccupations ont été amplifiées par les révélations de documents tels que les Panama Papers et les Paradise Papers, qui ont exposé comment les riches et les puissants peuvent exploiter les failles légales pour protéger leur richesse.

Spéculation sur les matières premières : Certaines théories soutiennent que de grandes banques et des fonds d'investissement manipulent le prix des matières premières telles que le pétrole, l'or et les denrées alimentaires. Ce contrôle, affirment-elles, permet à ces entités de tirer profit à la fois des hausses et des baisses des prix, souvent au détriment des consommateurs et des producteurs.

Agendas cachés des conférences économiques : Des événements tels que le Forum économique mondial à Davos ou les réunions du Groupe Bilderberg sont perçus par certains comme des lieux où les élites économiques planifient secrètement l'avenir de l'économie mondiale. Bien que ces événements soient souvent présentés comme des forums de discussion ouverts, certains théoriciens du complot soutiennent qu'ils sont au cœur des décisions économiques mondiales, prises à l'écart du public.

L'essor des méga-corporations : La fusion et l'acquisition d'entreprises dans diverses industries ont conduit à la création de méga-corporations dotées de pouvoirs sans précédent. Ces entités, affirme-t-on, ont la capacité d'influencer les décisions politiques, de contrôler des secteurs entiers de l'économie et de manipuler l'opinion publique à travers les médias qu'elles possèdent.

Finance de l'ombre : La "finance de l'ombre" désigne les activités financières qui se déroulent en dehors du système bancaire traditionnel, telles que les fonds spéculatifs, les fonds de capital-investissement et d'autres véhicules d'investissement. On soutient que ces entités opèrent en dehors de la réglementation et du contrôle, permettant aux élites économiques d'exploiter le système à leur avantage.

La complexité du système économique mondial fournit un terrain fertile pour la spéculation et la méfiance. Alors que certaines de ces théories contiennent des éléments de vérité, il est essentiel d'aborder celles-ci avec un esprit critique, en distinguant entre les préoccupations légitimes et les théories infondées. Messianisme et figures salvatrices : Dans de nombreuses traditions religieuses, l'attente d'un messie ou d'une figure salvatrice est puissante. Cette attente peut facilement être manipulée ou interprétée de manière conspirationniste. Lorsque des figures charismatiques émergent et prétendent détenir des réponses ou des solutions, elles peuvent être à la fois vénérées comme des figures messianiques et diabolisées comme des imposteurs ou des agents du mal. Dans les deux cas, la réaction émotionnelle et la profonde connexion religieuse peuvent alimenter des théories du complot.

Religions minoritaires et sectes : Les religions minoritaires ou les sectes sont souvent au cœur des théories du complot. Parfois, cela est dû à des pratiques ou croyances non conventionnelles. Dans d'autres cas, cela peut découler d'épisodes réels de comportements illicites ou manipulateurs de la part des dirigeants. Par exemple, l'Église de Scientologie a souvent été au centre de débats et de controverses concernant ses pratiques et son influence politique et sociale.

Il est également important de noter que les théories conspirationnistes religieuses peuvent avoir des origines externes. Les opposants ou les ennemis peuvent créer ou propager des théories du complot pour discréditer une foi ou un groupe religieux particulier.

En conclusion, lorsque la religion et la conspiration s'entremêlent, la combinaison peut être puissante et potentiellement dangereuse. Les croyances religieuses touchent le cœur et l'âme des individus, et lorsqu'elles sont mêlées à la peur, à la méfiance et à la désinformation, elles peuvent entraîner de profondes

divisions, des comportements extrêmes et, dans
certains cas, de la violence.

Conspiration et Religion : Réflexions Finales Le lien
entre conspiration et religion est complexe, avec des
racines profondément ancrées dans l'histoire de
l'humanité. Au cœur de cette interaction se trouve un
besoin humain fondamental de compréhension et
d'ordre dans un monde chaotique.

1. Origines Historiques : L'histoire nous montre que les
   théories conspirationnistes liées à la religion existent
   depuis des millénaires. Du christianisme primitif,
   persécuté dans l'Empire romain et convaincu de la fin
   imminente du monde, aux accusations de sorcellerie au
   Moyen Âge, la religion a souvent fourni un terrain
   fertile pour les théories du complot.
2. Besoin d'Ordre : La religion répond à des questions
   existentielles fondamentales sur la signification, la vie,
   la mort et le divin. Lorsque des événements
   incompréhensibles ou tragiques surviennent, les êtres
   humains cherchent des réponses. Si les réponses
   officielles ou logiquement plausibles sont
   insatisfaisantes, des explications alternatives peuvent
   être recherchées. Ici, les théories du complot et la
   religion peuvent s'entremêler, offrant une réponse qui,
   même si elle n'est pas prouvée, peut satisfaire à la fois
   la logique et l'âme.
3. Impact Social : Les théories du complot liées à la
   religion peuvent avoir de graves répercussions sociales.
   Elles peuvent nourrir l'intolérance, la discrimination
   et, dans certains cas, justifier la violence. Par exemple,
   l'antisémitisme, souvent masqué derrière des théories

du complot comme le "Protocole des Sages de Sion", a eu des conséquences tragiques dans l'histoire.

4. Éducation et Connaissance : Une connaissance approfondie des différentes traditions religieuses peut aider à contrer les théories du complot. Comprendre les croyances et les pratiques d'une foi peut démystifier et réduire les peurs infondées. L'éducation peut également fournir les outils critiques nécessaires pour analyser et réfuter les théories du complot non fondées.

5. Rôle des Communautés Religieuses : Les communautés religieuses ont la responsabilité de faire face aux théories du complot qui émergent en leur sein. Éduquer les fidèles, promouvoir le dialogue interreligieux et construire des ponts avec la société plus large peuvent réduire l'attrait des théories du complot.

En conclusion, bien que les théories du complot liées à la religion soient une constante historique, leur forme et leur impact peuvent varier. À une époque de diffusion rapide de l'information et de polarisation croissante, il est essentiel de confronter ces idées avec une combinaison d'éducation, de dialogue et de compréhension. Ce n'est qu'à travers une plus grande prise de conscience et un engagement actif que nous pouvons espérer réduire l'influence de telles théories et construire des sociétés plus inclusives et tolérantes.

Conspirations et Culture Populaire : L'influence des théories du complot ne se limite pas aux sphères de la politique, de la religion ou de l'économie ; elle a également profondément imprégné la culture populaire. Les films, la musique et la littérature ont reflété, et parfois amplifié, les convictions conspirationnistes du public, leur offrant une plateforme plus large et rendant ces idées accessibles à un public plus vaste.

1. Films : Le cinéma, avec sa capacité à engager visuellement le spectateur, a souvent mis en avant les théories du complot. Des films comme "JFK" d'Oliver Stone ont soulevé des doutes sur les circonstances de l'assassinat du président Kennedy, tandis que des films comme "Da Vinci Code" ont exploré des conspirations liées à l'Église et à l'histoire du Christ. Ces films non seulement divertissent, mais peuvent aussi influencer la perception du public quant à la réalité des événements historiques.

2. Musique : La musique, en particulier dans le genre rap et hip-hop, a souvent abordé des thèmes d'oppression, de contrôle gouvernemental et de conspirations. Des artistes comme Tupac Shakur et Public Enemy ont sorti des morceaux évoquant des complots gouvernementaux, le contrôle des médias et l'oppression. Même en dehors du hip-hop, des artistes comme Bob Dylan et les Beatles ont été au centre de théories conspirationnistes ou ont fait allusion à de telles idées dans leurs chansons.

3. Littérature : La littérature offre une plateforme où les théories du complot peuvent être explorées en profondeur, que ce soit en tant que faits ou en tant que fiction. Des livres tels que "1984" de George Orwell et "Le Complot contre l'Amérique" de Philip Roth présentent des visions dystopiques basées sur des idées

conspirationnistes. Bien que ces romans soient des œuvres de fiction, ils ont influencé la perception des dynamiques réelles de pouvoir et de contrôle dans la société. D'autre part, des livres comme "Behold a Pale Horse" de William Cooper ont tenté de dévoiler des conspirations présumées réelles, influençant des générations de théoriciens du complot.

Cet entrelacement entre conspiration et culture populaire est une lame à double tranchant. D'une part, cela peut accroître la sensibilisation aux injustices potentielles et encourager le scepticisme sain envers les récits officiels. D'autre part, cela peut également propager la désinformation et perpétuer des mythes infondés.

Le pouvoir de la culture populaire réside dans sa capacité à atteindre des masses de personnes, façonnant ou influençant leurs opinions. Par conséquent, il est essentiel que le public adopte une approche critique envers ces représentations, distinguant entre divertissement et faits. Cependant, quelle que soit la véracité des représentations conspirationnistes dans la culture populaire, elles restent témoignage de l'influence profonde que de telles idées ont sur le tissu de la société moderne.

Dans l'ère moderne, la culture populaire a joué un rôle de plus en plus important dans la formation de la perception publique des événements historiques, des personnages et des idéologies. Ce pouvoir de façonner les opinions est doublé lorsqu'il s'agit de théories du complot, car la représentation de telles théories dans les médias peut légitimer, propager ou minimiser ces croyances.

Séries télévisées : Alors que les films ont le pouvoir de présenter un récit sur une période de deux à trois heures, les séries télévisées peuvent explorer des concepts complexes sur plusieurs saisons, offrant une profondeur que le cinéma ne peut souvent pas se permettre. Des séries comme "The X-Files" ont posé les bases pour une génération de sceptiques, avec sa célèbre phrase "I want to believe" devenue un mantra pour beaucoup. Cette série en particulier a exploré de nombreuses conspirations, de la présence d'extraterrestres à l'implication du gouvernement dans des secrets inavouables.

Jeux vidéo : Dans le monde des jeux vidéo, des titres tels que la série "Assassin's Creed" se sont plongés profondément dans les théories du complot, mêlant faits historiques et fiction pour créer des intrigues captivantes qui englobent des millénaires d'histoire et impliquent des sociétés secrètes comme les Templiers et les Assassins.

Podcasts et Documentaires : Avec la montée du numérique, les podcasts et les documentaires sont devenus de plus en plus populaires en tant que moyen d'explorer et de discuter des théories du complot. Alors que certains d'entre eux sont purement spéculatifs et divertissants, d'autres s'efforcent d'offrir une recherche approfondie, présentant des interviews, des preuves et des analyses critiques.

Mode et Branding : Même le monde de la mode et du branding n'est pas à l'abri de l'influence des théories du complot. Les logos, les symboles et les slogans s'inspirent souvent de thèmes ésotériques ou conspirationnistes pour créer une aura de mystère ou attirer un public spécifique.

Art et Installations : L'art contemporain reflète souvent les préoccupations et les obsessions de la société. Les installations, les performances et les œuvres d'art visuel ont incorporé des thèmes conspirationnistes, stimulant le dialogue et posant des questions sur le pouvoir, la vérité et la réalité.

Mèmes et Culture Internet : À une époque dominée par les médias sociaux, les mèmes sont devenus une forme puissante de communication. Les mèmes liés aux théories du complot peuvent devenir viraux en très peu de temps, propageant des idées à une vitesse sans précédent. Cependant, cela peut également entraîner une déformation rapide de l'information, rendant difficile la distinction entre réalité et fiction.

La prévalence des théories du complot dans la culture populaire témoigne de leur résonance dans l'imaginaire collectif. Qu'il s'agisse d'une simple curiosité humaine, d'une profonde méfiance envers les institutions ou d'une combinaison des deux, il est clair que les conspirations continueront à trouver un terrain fertile dans l'esprit du public et, par conséquent, dans le paysage culturel.

La culture populaire, sous toutes ses formes, a prouvé qu'elle n'était pas seulement le reflet des croyances et des préoccupations de la société, mais aussi une puissante lentille à travers laquelle ces idées peuvent être amplifiées, déformées ou réinventées. Lorsqu'il s'agit de théories du complot et de leur interaction avec la culture populaire, on met en évidence une relation profondément entrelacée qui va au-delà de la simple représentation.

Tout d'abord, il est essentiel de reconnaître que la manière dont les théories du complot sont présentées dans les médias a un impact direct sur leur perception. Une représentation positive ou intrigante d'une théorie peut la légitimer aux yeux du public, même si elle manque de bases concrètes. En revanche, une représentation moqueuse ou critique peut minimiser ou ridiculiser la théorie, rendant moins probable que le public la prenne au sérieux.

De plus, avec la montée et l'expansion des médias sociaux, les barrières entre les producteurs et les consommateurs de contenu ont été brisées. Cela a permis à quiconque de contribuer au discours culturel, donnant voix à des opinions et des théories qui auraient autrefois pu être confinées aux marges. Alors que cela a entraîné une explosion de créativité et de diversité dans le discours, cela a également ouvert la porte à la désinformation et à la manipulation.

Un autre aspect critique est la manière dont la culture populaire peut être utilisée comme vecteur pour normaliser ou rendre courantes certaines théories. Par exemple, lorsque des concepts conspirationnistes sont tissés dans les intrigues de films populaires ou de séries télévisées, ils peuvent devenir partie intégrante de la conscience collective, rendant plus difficile pour les gens de distinguer entre faits et fiction.

Cependant, tout n'est pas négatif. Bien que la culture populaire puisse sans aucun doute amplifier ou déformer les théories du complot, elle peut également servir d'outil éducatif. La représentation de telles théories dans un contexte critique peut stimuler le débat, incitant les gens à s'informer et à rechercher la vérité. Cela peut également servir d'avertissement sur le danger de la désinformation et sur l'importance de vérifier les faits.

En conclusion, alors que les théories du complot existent depuis des siècles, leur interaction avec la culture populaire moderne les a rendues plus répandues et plus puissantes que jamais. Dans ce contexte en constante évolution, il est essentiel que le public soit informé, critique et attentif lors de la consommation de contenu, reconnaissant la différence entre divertissement et réalité et comprenant l'importance de rechercher des sources fiables et vérifiées. La culture populaire, dans son rôle de miroir de la société, nous rappelle que, bien qu'il puisse être tentant de succomber au charme du mystère et du secret, il est de notre devoir en tant que citoyens informés de rechercher la vérité au-delà des apparences.

Techniques de Débunkage Le débunkage, ou la démystification des affirmations fausses ou trompeuses, est un élément essentiel dans la lutte contre les théories du complot. Les théories du complot, par leur nature, reposent sur des convictions profondes et souvent émotionnelles, rendant leur contestation difficile mais essentielle. Voici quelques techniques pour aborder de manière efficace de telles théories.

1. Écouter Attentivement : Avant de contester une théorie du complot, il est crucial d'écouter et de tenter de comprendre le point de vue de ceux qui y croient. En comprenant leurs préoccupations et leurs peurs, vous pourrez efficacement affronter leurs convictions.
2. Utiliser des Sources Crédibles : Les théories du complot prospèrent en l'absence d'informations fiables. Lorsque vous présentez une contre-mesure, il est essentiel d'utiliser des sources crédibles et respectables. Cela inclut les organisations académiques, les agences de presse reconnues et les experts dans le domaine en question.
3. Reconnaître le Biais de Confirmation : Le biais de confirmation se produit lorsque les personnes recherchent ou interprètent les informations de manière à confirmer leurs croyances préexistantes. Il est important de souligner ce biais lorsqu'il s'agit de théories du complot, car cela peut aider les gens à réfléchir à comment et pourquoi ils en sont arrivés à leurs conclusions.
4. Utiliser la Logique et la Raison : De nombreux arguments en faveur des théories du complot reposent

sur des sophismes logiques. Identifiez ces sophismes et présentez des alternatives logiques et rationnelles.

5. Fournir des Preuves Contraires : Présenter des preuves directes contredisant une théorie du complot peut être un moyen efficace de remettre en question de fausses croyances. Cependant, il est essentiel que ces preuves soient concrètes et facilement vérifiables.

6. Poser des Questions Critiques : Au lieu de présenter directement une contre-mesure, il peut parfois être efficace de poser des questions qui guident la personne à réfléchir de manière critique sur sa croyance. Par exemple, "Comment sauriez-vous si cette théorie était fausse ?" ou "Qui bénéficierait de cette conspiration et pourquoi ?"

7. Faire Appel à l'Heuristique de Simplicité : L'heuristique de simplicité suggère que, lorsqu'il y a plusieurs explications possibles, la plus simple (requérant le moins d'hypothèses) tend à être la correcte. Expliquez que très souvent, les solutions simples et directes sont plus probables que les trames conspirationnistes complexes.

8. Soyez Patient et Compatissant : Le défi des théories du complot peut être un processus long et difficile. De nombreuses personnes sont profondément attachées à leurs convictions et peuvent réagir avec hostilité ou défense. Il est important d'aborder ces discussions avec patience et compréhension, en reconnaissant que changer une croyance profonde nécessite du temps et de l'engagement.

Approches Éducatives et Relations Publiques À l'ère de la post-vérité, l'éducation joue un rôle crucial en fournissant aux individus les outils nécessaires pour naviguer dans un océan d'informations souvent contradictoires. L'alphabétisation médiatique et la pensée critique deviennent essentielles pour discerner la vérité des mensonges.

Éduquer sur la Différence entre Fait et Opinion : Les gens doivent être formés pour reconnaître la différence entre un fait, qui est vérifiable, et une opinion, qui est une croyance personnelle ou une évaluation. Cette distinction, bien qu'elle semble simple, est souvent nuancée dans les présentations persuasives.

Promouvoir la Pensée Scientifique : La science, dans son essence, est un processus d'enquête. Elle nécessite des preuves, une répétabilité et une vérification. Encourager une mentalité scientifique aide les gens à demander des preuves concrètes avant d'accepter une affirmation comme vraie.

Utilisation de Spécialistes pour des Conférences et des Séminaires : Inviter des spécialistes de différents domaines à donner des conférences et des séminaires sur la manière d'aborder et de démystifier les théories du complot peut être efficace. Ces experts peuvent partager leurs expériences, fournir des exemples concrets et offrir des conseils pratiques.

Le Rôle des Plateformes en Ligne : Des plateformes telles que YouTube, Facebook et Twitter sont devenues des endroits clés pour la propagation des théories du complot. Cependant, ces mêmes plateformes peuvent être utilisées pour éduquer le public. Par exemple, des vidéos éducatives qui remettent en question les théories du complot ou expliquent la logique et la science derrière certains phénomènes peuvent atteindre un large public.

Créer des Groupes de Discussion : Créer des groupes ou des forums où les gens peuvent discuter ouvertement de leurs peurs ou préoccupations concernant des théories du complot spécifiques peut être thérapeutique. Ces espaces permettent aux gens de confronter d'autres points de vue et de soumettre leurs propres convictions à un examen critique dans un environnement sûr et favorable.

Exemples Pratiques et Études de Cas : Souvent, examiner une théorie du complot spécifique peut fournir des informations sur la manière dont ces mythes se forment et se propagent. Analyser et démystifier des théories du complot spécifiques en détail peut aider les gens à comprendre les techniques générales utilisées par les théoriciens du complot.

Implication des Écoles : Intégrer l'alphabétisation médiatique et la pensée critique dans les programmes scolaires peut fournir aux nouvelles générations les outils pour affronter les théories du complot avant qu'elles ne prennent racine. Cette formation peut inclure des exercices pratiques, des discussions guidées et des projets de recherche.

Lorsqu'il s'agit de contester les théories du complot, il est essentiel de comprendre que ces mythes sont souvent enracinés dans des peurs et des préoccupations profondes. Challenging these myths requires sensitivity, understanding, and a holistic approach that considers both individual psychology and broader social dynamics.

Logic and Fallacies To understand and unveil conspiracy theories, it is essential to have a solid understanding of logic and fallacies. Many conspiracy theories are built on weak premises or unproven causal links. Here are some key concepts:

Post Hoc Fallacy: This fallacy suggests that if an event (B) follows another event (A), then A must have caused B. It's a common trap in conspiracy theories, where temporal coincidences are seen as evidence of causality.

Slippery Slope Fallacy: The idea here is that one event will inevitably lead to another, often with negative outcomes. For example, the notion that a small limitation on freedom of speech will lead to total oppression of freedom.

Confirmation Bias: This occurs when people seek and interpret information in a way that confirms their preexisting beliefs, ignoring information that contradicts them.

Sophisticated False Equivalence: This occurs when a comparison is made between two things that may seem similar on the surface but are actually very different in substance or context.

Recognizing Anecdotal Evidence: While personal stories can be powerful and engaging, they are not always indicative of a trend or larger truth. Conspiracy theories often rely on such anecdotes rather than concrete evidence.

The Role of Cognitive Biases: Every individual is subject to cognitive biases, systematic distortions in how we perceive and interpret the world. For example, confirmation bias, where we tend to give more weight to information that confirms our preexisting beliefs, or availability bias, where we tend to base our evaluations on recently available information.

Using Effective Research Methodologies: To properly assess a conspiracy theory, it's essential to use sound research methodologies. This includes relying on reliable sources, critically analyzing information, and the ability to distinguish between correlation and causation.

Questioning Plausibility: Some conspiracy theories would require an incredibly large number of people to keep the "secret." Asking whether it's practical or plausible for so many people to keep a large-scale secret over a long period of time can be an effective way to evaluate the truthfulness of a theory.

Competence and Expertise: It's essential to recognize and rely on experts in their respective fields. While any expert can be wrong, a consensus among experts in a given field is a strong indicator of the truthfulness of a particular assertion or theory.

The Importance of Self-Critique: Even as you debunk conspiracy theories, it's vital to be self-critical and open to the possibility that your own interpretations or understandings might be wrong. This open-mindedness not only strengthens your position but also promotes constructive dialogue with those who may believe in conspiracy theories.

Principe d'Occam Un des guides les plus utiles pour évaluer les affirmations, en particulier celles qui semblent complexes ou enveloppées de trames compliquées, est le principe de la rasoir d'Occam. Il affirme que lorsque vous êtes confronté à plusieurs explications possibles pour un phénomène, l'explication la plus simple (celle qui fait le moins d'hypothèses) est généralement la correcte. De nombreuses théories du complot sont complexes et nécessitent la complicité d'un nombre incroyablement élevé de personnes, rendant leur logique problématique et peu probable.

Critique Constructive vs. Ridicule Un piège courant dans lequel de nombreuses personnes tombent lorsqu'elles sont confrontées à des théories du complot est de les ridiculiser. Bien que cela puisse être tentant, cette approche est rarement productive. La critique constructive, basée sur des faits et argumentée de manière logique, est plus efficace. Aborder la discussion avec une attitude de respect et de compréhension peut également aider à créer un terrain d'entente et à initier une discussion constructive.

L'Importance de la Transparence et de l'Accessibilité de l'Information À l'ère numérique, il y a une surabondance d'informations. Cependant, la qualité de ces informations varie considérablement. Promouvoir la transparence et l'accessibilité aux sources d'information fiables est crucial. Les bibliothèques, les universités et les institutions de recherche peuvent jouer un rôle crucial en fournissant au public des outils et des ressources pour discerner les informations exactes des fausses nouvelles ou des théories infondées.

Théorie Vs. Hypothèse Il est essentiel de comprendre la différence entre une théorie et une hypothèse dans le contexte scientifique. Une théorie, en science, est une idée qui a été testée et confirmée à plusieurs reprises par l'observation et l'expérimentation. Une hypothèse, en revanche, est une idée qui n'a pas encore été testée ou vérifiée. De nombreux complots sont présentés comme des "théories", mais en réalité, ils n'ont pas passé l'examen rigoureux et les tests pour être classés comme tels dans le contexte scientifique.

L'Importance de la Littérature Évaluée par les Pairs Un autre outil essentiel pour démystifier les théories du complot est la littérature évaluée par les pairs. Il s'agit d'études et de recherches qui ont été examinées et critiquées par des experts dans le domaine pertinent avant leur publication. Si une théorie du complot n'est pas étayée par des preuves évaluées par les pairs, il est probable qu'elle manque de fondement scientifique.

L'Esprit Humain et la Recherche de Modèles Notre capacité à reconnaître des modèles est l'une des raisons pour lesquelles Homo sapiens a connu autant de succès en tant qu'espèce. Cependant, cette même capacité peut parfois nous conduire à voir des liens et des modèles là où ils n'existent pas, phénomène connu sous le nom de paréidolie. Cette prédisposition peut expliquer pourquoi certaines personnes ont tendance à voir des connexions et des liens cachés, alimentant ainsi leur croyance dans les théories du complot.

Conclusion sur les Techniques de Démystification Les théories du complot, avec leurs récits captivants et leurs trames apparemment inextricables, ont un charme indéniable et peuvent grandement influencer l'opinion publique. C'est pourquoi il est d'une importance fondamentale de posséder les outils appropriés pour évaluer ces affirmations et les distinguer des réalités solides et bien fondées.

1. L'approche rationnelle : Au cœur de chaque effort de démystification se trouve la rationalité. Le principe de la rasoir d'Occam, qui suggère d'adopter l'explication la plus simple, est un guide fondamental. En pratique, de nombreuses théories du complot nécessiteraient un vaste réseau de personnes gardant un secret parfait, ce qui est très improbable.
2. Communication respectueuse : Une approche respectueuse et empathique aide à établir un dialogue ouvert. Ridiculiser ou minimiser les croyances des autres a tendance à renforcer ces croyances, tandis qu'une approche constructive peut amener à la réflexion et à la réévaluation.
3. Transparence des informations : S'assurer que des sources précises et transparentes sont disponibles et facilement accessibles peut faire une grande différence.

La désinformation prospère lorsque les gens ne savent pas où trouver des réponses fiables.

4. Compréhension du langage scientifique : Comprendre la différence entre des termes tels que "théorie" et "hypothèse" peut aider à éviter les malentendus. Beaucoup utilisent à tort le terme "théorie", lui attribuant un poids qu'il ne mérite pas.

5. Importance de la recherche évaluée par les pairs : La recherche qui a été examinée et acceptée par des experts dans le domaine a une crédibilité bien supérieure à celle des articles de blog ou des vidéos virales. S'assurer que les affirmations sont étayées par des preuves évaluées par les pairs est essentiel pour évaluer leur validité.

6. Reconnaissance de la prédisposition humaine : Notre évolution nous a dotés d'un cerveau qui cherche des modèles et des liens. Cela peut être avantageux dans de nombreuses situations, mais peut aussi nous égarer. Reconnaître cette prédisposition peut aider à remettre en question les conclusions immédiates et à rechercher des preuves supplémentaires.

En résumé, bien que les théories du complot puissent sembler captivantes et parfois même effrayantes, posséder les outils et les connaissances pour les évaluer de manière critique est essentiel. La compréhension, la rationalité et une approche basée sur des preuves sont nos meilleures défenses contre la désinformation. Dans un monde où les fausses nouvelles peuvent se propager rapidement, il incombe à chacun de chercher la vérité, de remettre en question les récits et de promouvoir une compréhension basée sur des faits solides.

Conspirations et Politique La politique, avec sa nature souvent nébuleuse et ses innombrables acteurs, est un terrain fertile pour les théories du complot. Ces récits conspirateurs peuvent varier de spéculations innocentes à de graves distorsions qui influencent l'opinion publique et même les décisions politiques.

Théories liées aux élections et au pouvoir Les élections, en particulier, sont des événements qui suscitent un grand intérêt public et peuvent avoir des répercussions profondes sur la direction d'une nation. Voici quelques-unes des théories conspiratrices les plus courantes liées aux élections :

1. Fraudes électorales : C'est peut-être la théorie du complot la plus courante lorsqu'il s'agit d'élections. L'idée est qu'il y ait eu des tentatives organisées pour altérer le décompte des votes, manipuler les machines électorales ou intimider certains segments de l'électorat.
2. Financements occultes : L'idée selon laquelle les politiciens reçoivent des financements secrets de puissantes entités (entreprises, gouvernements étrangers, oligarques) pour influencer leurs politiques et décisions est un thème récurrent.
3. "Candidats marionnettes" : Certaines théories soutiennent que certains candidats politiques ne sont que des "marionnettes" contrôlées par des pouvoirs cachés, dans le but de réaliser un programme conspirateur.

Manipulation de l'opinion publique La capacité d'influencer l'opinion publique est puissante et a d'énormes implications politiques. Certaines théories du complot concernant la manipulation incluent :

1. Contrôle des médias : L'idée que les principaux médias soient contrôlés par un petit groupe de puissants, qui les utilise pour façonner l'opinion publique selon leurs désirs.
2. Désinformation et "fake news" : Avec l'avènement des médias sociaux, la propagation de fausses informations ou trompeuses est devenue de plus en plus courante. Beaucoup croient qu'il existe des efforts organisés pour propager la désinformation afin d'influencer les élections ou d'autres décisions politiques.
3. Agents étrangers : L'idée que des puissances étrangères (comme d'autres gouvernements ou entités internationales) interfèrent dans les politiques intérieures, notamment par le biais de la propagande ou de la cyber-guerre, est une préoccupation croissante.

L'intersection entre les conspirations et la politique est une fusion aussi complexe qu'historique. La politique, souvent dominée par des dynamiques de pouvoir et des intérêts cachés, a toujours fourni une base fertile pour les soupçons et les théories alternatives. Alors que certaines conspirations ont une racine historique, d'autres sont des produits de l'ère moderne, alimentées par la rapidité et la portée de la communication numérique.

Instrumentalisation des conspirations en politique Au fil des années, de nombreux dirigeants et factions politiques ont utilisé les théories du complot comme outils pour faire avancer leur programme ou diffamer leurs adversaires. Accuser les adversaires de conspirations ou de faire partie d'agendas cachés peut être un moyen efficace de semer le doute parmi les électeurs et de miner la confiance dans l'opposition. Cette tactique peut également être utilisée pour détourner l'attention des problèmes réels ou des scandales.

Conspirations comme écran de fumée La nature même de la politique, où les décisions peuvent avoir des répercussions qui influencent des nations entières ou des régions, signifie que beaucoup est en jeu. Parfois, les théories du complot peuvent être des distractions délibérées, des écrans de fumée créés pour détourner l'attention de questions plus graves ou d'actions gouvernementales controversées. De même, les conspirations peuvent être utilisées pour semer la confusion ou supprimer des informations véridiques.

Conspirations mondiales et géopolitique En plus des théories internes, de nombreuses conspirations se concentrent sur des événements géopolitiques. Les accusations d'ingérences électorales, d'espionnage industriel ou de plans secrets entre nations sont des thèmes courants. La perception d'élites mondiales puissantes travaillant en coulisses pour contrôler les événements mondiaux est constante dans les récits conspirationnistes.

Le risque des chambres d'écho L'ère numérique a amplifié la portée et la vitesse de propagation des théories du complot. Des plateformes comme

Facebook, Twitter et YouTube ont créé ce qui est souvent appelé une "chambre d'écho", où les individus sont principalement exposés à des informations qui renforcent leurs croyances préexistantes, réduisant ainsi l'exposition à des points de vue contradictoires. Ce phénomène a contribué à polariser davantage les opinions politiques et à renforcer les convictions conspirationnistes.

Le dilemme de la transparence Alors que la transparence est considérée comme l'un des piliers d'un gouvernement démocratique, il y a des moments où la confidentialité est nécessaire pour la sécurité nationale ou la diplomatie. Cet équilibre entre transparence et secret peut nourrir des théories du complot, les gens soupçonnant qu'il y a plus derrière ce qui est montré au public. Enfin, il est essentiel de reconnaître que, bien que de nombreuses théories du complot soient sans fondement, il y a des moments où il y a effectivement des complots et des tromperies en jeu. Cette réalité complique encore la capacité de discerner la vérité de la fiction dans le contexte politique.

Le domaine des conspirations politiques ne s'arrête pas aux chambres d'écho ou aux manipulations évidentes ; il se ramifie en une myriade de sous-sujets et de facettes. Prenons par exemple l'histoire. Ère pré-numérique : Conspirations au siècle dernier Avant l'avènement d'Internet, les conspirations se propageaient principalement par le biais de pamphlets, de la radio, de livres et du bouche-à-oreille. Cela a donné naissance à des légendes comme celle du "Nouvel Ordre Mondial" ou aux théories sur les groupes secrets tels que les "Bilderberg". Certaines théories du complot, comme celle liée à l'assassinat de JFK, ont gagné une énorme popularité et sont devenues des sujets de débat public. Dynamiques transnationales Certaines théories du complot dépassent les frontières nationales et prennent une dimension internationale. Par exemple, la perception qu'il existe des "fils d'Ariane" reliant des élites puissantes dans différents pays, orchestrant des événements mondiaux tels que des guerres, des crises économiques ou même des pandémies. Système électoral et conspirations Dans de nombreux pays, les élections sont souvent au cœur de nombreuses théories du complot. Les accusations de fraudes électorales, d'ingérences étrangères et de manipulation des résultats sont des thèmes courants à chaque cycle électoral. Ces perceptions peuvent avoir de profondes répercussions sur la légitimité des gouvernements et sur la confiance des gens dans le processus démocratique. Conspirations comme outil de contrôle Nous ne devons pas oublier comment certaines théories du complot ont été et sont utilisées par des régimes autoritaires comme des outils de contrôle. En créant un ennemi imaginaire ou en amplifiant une menace extérieure, ces régimes peuvent justifier des actions répressives, des restrictions des libertés civiles et la persécution de groupes minoritaires.

La question des médias Bien que les médias sociaux soient souvent accusés d'amplifier les théories du complot, nous ne devons pas oublier le rôle des médias traditionnels. Il y a eu des cas où les chaînes de télévision, les journaux ou la radio ont promu ou accordé de l'espace aux théories du complot, contribuant ainsi à leur légitimation et à leur diffusion. L'aspect psychologique et social D'un point de vue psychologique, les théories du complot offrent souvent une explication simple à des événements complexes ou traumatiques. De plus, croire en une conspiration peut faire sentir aux gens qu'ils font partie d'un groupe exclusif possédant une "vérité cachée". Cette dynamique peut renforcer les liens communautaires, mais peut également nourrir des divisions et de l'hostilité envers ceux qui sont "en dehors" de ce cercle.

Économie et pouvoir Outre les dimensions politiques et sociales, l'économie joue un rôle crucial dans les conspirations. La perception qu'il existe des élites économiques puissantes qui contrôlent le destin des pays ou de l'économie mondiale entière est un thème récurrent. Cela est lié aux conspirations liées aux banques centrales, aux conglomérats multinationaux et aux figures financières éminentes. En fin de compte, l'intersection entre les conspirations et la politique est un sujet vaste et complexe, reflétant les angoisses, les peurs et les tensions de la société à chaque période historique.

Les conspirations et la politique sont deux domaines intrinsèquement liés dans l'histoire humaine. La nature même de la politique, faite de pouvoir, d'ambitions et de conflits d'intérêts, fournit un terrain propice à la génération et à la diffusion de théories du complot. Lorsque nous analysons cette relation, il est essentiel de considérer quelques dynamiques clés : La Nature de la Politique : La politique, par sa nature, est une lutte pour le pouvoir. Pendant cette lutte, les informations sont souvent cachées, manipulées ou déformées pour servir un programme spécifique. Cet environnement de secret et de manipulation rend facile pour beaucoup de croire qu'il y a des forces obscures à l'œuvre en coulisses. La Fonction des Théories du Complot : Les conspirations servent souvent de mécanismes de défense psychologique. Lorsque les gens se sentent impuissants face aux grands changements sociaux ou politiques, attribuer ces changements à de puissantes entités cachées peut fournir une sorte d'explication rassurante. Bien que fausse, la théorie du complot peut donner un sens de compréhension et de contrôle. Médias et Manipulation : Avec l'avènement des médias sociaux et l'explosion de l'information numérique, il est devenu plus facile que jamais de propager des théories du complot. Cependant, les médias traditionnels ont également joué un rôle dans leur promotion, surtout lorsque ces théories servaient une agenda politique ou économique. Implications à Long Terme : La méfiance croissante envers les institutions, alimentée en partie par les théories du complot, a des implications politiques profondes. Cela peut éroder la confiance envers la démocratie, entraver la coopération entre les pays et affaiblir la cohésion sociale. Les théories du complot peuvent influencer les décisions politiques, les campagnes électorales et même les politiques publiques. En résumé, bien que les théories du complot puissent sembler marginales voire ridicules à première vue, elles ont un impact tangible et profond sur la politique et la société dans son ensemble. Le défi, pour les journalistes, les éducateurs et les leaders politiques, est de faire face à ces théories de manière critique, d'éduquer le public sur les complexités du monde dans lequel nous vivons et de promouvoir une pensée critique et rationnelle. Ce n'est qu'à travers l'éducation et l'engagement qu'il est possible de contrer la vague de désinformation et de rétablir la confiance dans nos institutions démocratiques.

15.

Le danger des fausses informations • L'impact des fake news. • Conséquences réelles des théories infondées. Le Danger des Fausses Informations À l'ère numérique, l'information voyage à la vitesse de la lumière. Les médias sociaux, les plateformes de streaming, les blogs et autres moyens de communication ont rendu la connaissance plus accessible que jamais auparavant. Cependant, avec l'expansion de ces moyens, il y a également eu une montée en flèche des fausses informations ou "fake news". Leur présence dans notre société moderne représente un danger sérieux, non seulement pour une information correcte, mais aussi pour la stabilité et la cohésion des communautés et des nations.

L'Impact des Fake News

1. Érosion de la Confiance : Les fausses nouvelles peuvent rapidement éroder la confiance dans les institutions, les médias, la science et les dirigeants. Lorsque les gens ne savent pas en quoi ou en qui croire, ils peuvent devenir cyniques, apathiques ou, pire encore, vulnérables à davantage de désinformation.

2. Manipulation de l'Opinion Publique : Des groupes avec des agendas spécifiques peuvent utiliser les fake news pour manipuler l'opinion publique, influençant ainsi les élections, les référendums et d'autres décisions politiques.

3. Polarisation Sociale : Les fausses informations ont tendance à créer ou renforcer des bulles informationnelles, où les individus ne sont exposés qu'à des informations qui renforcent leurs convictions préexistantes, créant ainsi des divisions et de l'hostilité entre différents groupes.

4. Risques pour la Santé Publique : Dans le contexte d'une crise sanitaire, comme la pandémie de COVID-19, les fake news concernant les traitements, les vaccins ou les mesures de sécurité peuvent avoir des conséquences mortelles. Conséquences Réelles des Théories Infondées

5. Actions Violentes : Il y a eu une série d'incidents violents déclenchés par des théories du complot infondées. Par exemple, le théoricien du complot Pizzagate qui a conduit un homme armé dans une pizzeria à Washington, D.C., croyant en une théorie sans fondement concernant un prétendu réseau pédophile.

6. Décisions Politiques Erronées : Les théories infondées peuvent influencer les décisions politiques, entraînant des politiques publiques inefficaces ou nuisibles.

7. Boycotts et Dommages Économiques : Les entreprises et les individus peuvent subir des dommages économiques en raison de fausses informations ou de théories du complot. Par exemple, des entreprises innocentes peuvent être boycottées en raison de fausses accusations.

8. Détérioration des Relations Internationales : Les fake news peuvent également influencer la diplomatie et les relations entre nations. De fausses accusations ou théories peuvent créer des tensions ou des conflits entre pays.

Les fausses informations, bien qu'elles ne soient pas un phénomène nouveau, ont gagné une nouvelle résonance à l'ère numérique. La facilité avec laquelle les nouvelles peuvent être créées, modifiées et partagées a changé la manière dont les informations se propagent. Et, bien qu'il y ait de nombreuses raisons pour lesquelles les gens peuvent délibérément partager des informations trompeuses, les conséquences sont presque toujours dommageables. Un des aspects cruciaux des fausses informations est la rapidité avec laquelle elles peuvent devenir virales. Les algorithmes, conçus pour augmenter l'engagement des utilisateurs, peuvent souvent amplifier du contenu sensationnel, peu importe sa véridicité. Cela signifie qu'une seule fausse nouvelle peut atteindre des millions de personnes en quelques heures. Les raisons pour lesquelles les gens comptent et partagent des fausses informations varient. Certaines personnes sont simplement trompées par une histoire bien construite. D'autres pourraient trouver qu'une fausse nouvelle particulière confirme leurs convictions ou préjugés préexistants, les rendant moins enclins à la remettre en question. De plus, il existe une tendance psychologique à croire en des informations qui évoquent des émotions fortes, telles que la peur, la colère ou la surprise. De nombreuses organisations et individus exploitent ces dynamiques psychologiques pour propager la désinformation à leur avantage. Cela peut être des acteurs étatiques cherchant à déstabiliser un pays rival, des groupes voulant promouvoir un agenda politique particulier, ou même des individus cherchant simplement à tirer profit de la viralité d'une nouvelle sensationnelle. De plus, les fausses informations ne se limitent pas seulement aux textes. Les deepfakes, qui sont des images ou des vidéos numériquement manipulées, deviennent de plus en plus sophistiqués. Ils peuvent être utilisés pour créer des clips montrant des personnes disant ou faisant des choses qui ne se sont jamais produites, rendant encore plus difficile la distinction entre réalité et fiction pour l'observateur moyen. Mais les fausses informations ne concernent pas seulement la diffusion de fausses nouvelles. Il y a aussi des omissions intentionnelles, des distorsions et des contextualisations trompeuses. Par exemple, une statistique vraie peut être présentée de manière à la rendre trompeuse, ou un événement réel peut être représenté dans un contexte totalement trompeur. Un autre aspect préoccupant est l'effet de chambre d'écho ("echo chamber") des médias sociaux. Les gens ont tendance à interagir et à suivre des personnes et des sources d'information qui partagent leurs propres opinions et croyances. Cela peut créer des chambres d'écho où les fausses informations sont répétées et amplifiées, renforçant ainsi davantage les croyances erronées. Cet environnement fertile pour la désinformation a conduit à l'émergence de nouveaux défis pour les journalistes, les vérificateurs de faits et d'autres organisations qui tentent de maintenir l'intégrité de l'information. Les tentatives de rectification des fausses informations peuvent souvent sembler être une bataille en montée, en particulier lorsque les rectifications n'obtiennent pas la même visibilité ou le même niveau d'engagement que la fausse nouvelle originale.

La prolifération des fausses informations a également un impact profond sur le tissu social. L'érosion de la confiance dans les institutions traditionnelles telles que les médias, les organisations scientifiques et les autorités gouvernementales a été en partie alimentée par des campagnes de désinformation ciblées. Lorsque les gens commencent à douter des sources traditionnellement fiables, ils deviennent plus vulnérables aux récits alternatifs, même s'ils sont infondés. Un des exemples les plus tangibles de ce phénomène est la diffusion de théories du complot liées à la santé. Des informations erronées sur les causes des maladies, les traitements et, plus récemment, les vaccins, ont eu des conséquences directes sur la santé publique. Les épidémies de rougeole, par exemple, ont connu une recrudescence dans différentes parties du monde en raison de craintes infondées concernant les vaccins, alimentées par de fausses informations amplifiées via les médias sociaux. Mais ce n'est pas seulement la santé physique qui est en jeu. L'environnement politique a lui aussi été profondément influencé par la désinformation. Les récits erronés concernant les processus électoraux, les candidats et les questions politiques ont faussé le débat public, polarisant davantage les sociétés et sapant la confiance dans le processus démocratique. Sur la scène mondiale, la désinformation est devenue un outil de pouvoir doux. Certains gouvernements et organisations ont créé des départements entiers dédiés à la guerre de l'information, cherchant à influencer l'opinion publique à la fois au niveau national et international. Cette forme de conflit non armé peut avoir un impact durable sur les relations internationales et sur la perception mondiale d'une nation ou d'un événement. L'industrie technologique, pour sa part, se trouve dans une position unique et complexe. D'une part, les plateformes de médias sociaux sont souvent critiquées pour ne pas en faire assez pour lutter contre la propagation des fausses informations. D'autre part, lorsque des mesures sont prises pour limiter ou éliminer les contenus trompeurs, elles sont souvent accusées de censure ou de partialité politique. De plus, la frontière entre ce qui est considéré comme une fausse information et ce qui est simplement une opinion ou une vision alternative de la réalité peut être mince et subjective. Cela rend encore plus difficile pour les plateformes technologiques d'établir des politiques claires et cohérentes en matière de modération des contenus. Une autre complication réside dans la nature en constante évolution des tactiques de désinformation. Au fur et à mesure que de nouveaux outils sont développés pour identifier et combattre la désinformation, ceux qui propagent de fausses informations mettent au point de nouvelles méthodes pour contourner ces mesures. Cette course aux armements informatiques représente un défi continu pour ceux qui cherchent à protéger l'intégrité de l'information. À la base de tout cela se trouve une crise profonde de confiance. Dans un monde où la vérité semble de plus en plus fluide et subjective, de nombreuses personnes se sentent perdues et désorientées. Cela peut conduire à un sentiment d'aliénation et de cynisme, où chaque information est regardée avec suspicion et où les récits simples et rassurants, même s'ils sont manifestement faux, peuvent trouver un terrain fertile.

Le phénomène des fausses informations et des fake news n'est pas seulement un défi technique ou médiatique ; il représente une menace fondamentale pour la structure même de nos sociétés démocratiques. La nature omniprésente des fausses informations, amplifiée par l'ère numérique, a engendré une série d'implications et de conséquences de grande envergure. Tout d'abord, la confiance est un pilier de toute société fonctionnelle, et elle est essentielle au bon fonctionnement des institutions démocratiques. Lorsque les gens ne peuvent plus faire confiance aux sources d'information ou aux institutions qui leur ont traditionnellement fourni orientation et vérité, une fragilité systémique émerge. Sans une confiance de base, la cohésion sociale peut commencer à se désintégrer, entraînant des divisions, une polarisation et, en fin de compte, de l'instabilité. De plus, les fausses informations alimentent et amplifient la polarisation politique. Lorsque différents groupes sont exposés uniquement à des informations qui renforcent leurs convictions préexistantes et voient les opinions contraires non seulement comme incorrectes, mais aussi comme des menaces ou même des mensonges nuisibles, il devient presque impossible de trouver un terrain d'entente ou de promouvoir un dialogue constructif. Ce climat de désinformation et de méfiance a également des répercussions tangibles. Par exemple, les décisions en matière de santé publique, comme la récente résistance aux vaccins, sont directement influencées par la diffusion d'informations erronées. Ces décisions peuvent avoir des conséquences mortelles, non seulement pour ceux qui choisissent de ne pas se faire vacciner, mais aussi pour les communautés environnantes. Au niveau géopolitique, la désinformation est devenue une arme. Les États et les acteurs non étatiques utilisent la désinformation comme un moyen de déstabiliser les ennemis, d'influencer les élections, de miner la confiance dans les institutions et de promouvoir leurs propres agendas. Face à ces défis, il est essentiel de reconnaître l'importance d'une éducation aux médias et à la pensée critique. La population doit être dotée des compétences nécessaires pour distinguer les informations fiables de celles trompeuses. Les plateformes de médias sociaux et les moteurs de recherche ont la responsabilité de développer des mécanismes plus efficaces pour identifier et contrer la désinformation. Mais en plus de ces efforts technologiques, il existe un besoin fondamental de restaurer la confiance dans les institutions et de promouvoir un dialogue ouvert et honnête dans l'espace public. En conclusion, bien que les fausses informations ne soient pas un phénomène nouveau, l'actuelle vague de désinformation amplifiée par le numérique représente un défi sans précédent pour les sociétés modernes. Sa pervasivité et ses profondes répercussions exigent une approche multidimensionnelle soutenue par les individus, les institutions, les gouvernements et les plateformes technologiques pour garantir la véracité, la transparence et surtout la confiance dans notre écosystème informationnel.

Étude de cas : Pandémie et théories du complot
Lorsque la pandémie de COVID-19 a frappé le monde
en 2019 et 2020, elle a créé un terreau fertile pour une
multitude de théories du complot. Cet environnement
incertain, associé à la peur et à la méconnaissance
initiale du virus, a rendu les individus particulièrement
vulnérables aux fausses informations. Théories sur le
COVID-19 :

1. Origine du virus : L'une des théories du complot les
    plus persistantes était que le virus avait été
    délibérément créé ou relâché depuis un laboratoire.
    Bien que des études approfondies aient indiqué que
    l'origine du virus est très probablement naturelle et liée
    aux chauves-souris, le débat sur l'origine exacte
    perdure.
2. 5G et COVID-19 : Une théorie largement répandue
    mais infondée affirmait que les tours 5G propageaient
    le virus ou aggravaient les symptômes du COVID-19.
    Cette théorie a conduit à la destruction de plusieurs
    tours 5G dans différents pays.
3. Vaccins : Avec le développement des vaccins COVID-
    19, des théories ont émergé suggérant que les vaccins
    contenaient des micro-puces pour tracer la population
    ou causaient des effets secondaires graves et cachés.
    Malgré les preuves cliniques étendues sur l'innocuité et
    l'efficacité des vaccins, ces théories ont entravé les
    efforts de vaccination dans de nombreuses régions.
    Impact sur la santé publique :
4. Refus des vaccins : En raison des fausses informations
    sur les vaccins, de nombreuses personnes ont choisi de
    ne pas se faire vacciner, entravant les efforts mondiaux

pour atteindre l'immunité collective et prolongeant ainsi la durée de la pandémie.

5. Ignorance des mesures de précaution : Les théories minimisant la gravité du virus ou faisant la promotion de faux remèdes ont incité certaines personnes à ignorer les directives de santé publique telles que le port de masques, la distanciation sociale et les mesures d'hygiène. Cela a entraîné des flambées de cas et a augmenté le nombre de cas dans de nombreuses régions.

6. Pression sur les systèmes de santé : La méfiance envers les informations officielles et l'adoption de traitements non éprouvés ont souvent conduit à une surcharge des services de santé, les patients recherchant des traitements inappropriés ou évitant les soins jusqu'à ce que leur état devienne critique.

La pandémie de COVID-19, avec sa portée mondiale et ses répercussions sur tous les aspects de la vie quotidienne, a soulevé des questions et des inquiétudes chez de nombreuses personnes, créant un terrain fertile pour les théories du complot. La complexité de la pandémie, associée à la vaste gamme de réactions des gouvernements et des institutions, a rendu certaines personnes méfiantes et à la recherche de "vérités cachées". Désinformation et plates-formes numériques : Bien que les théories du complot existent depuis longtemps, la diffusion de telles théories a été accélérée par les plates-formes numériques. La personnalisation des flux d'actualités basée sur des algorithmes a souvent créé des chambres d'écho où les utilisateurs sont exposés à des informations renforçant leurs croyances existantes, peu importe leur véracité.

Cette chambre d'écho a encore amplifié les théories du complot, les faisant parfois atteindre des millions de personnes en très peu de temps. Impact économique : Il y a également eu un nombre significatif de spéculations et de théories du complot concernant les impacts économiques de la pandémie. Certains ont suggéré que certaines nations ou entreprises avaient délibérément permis à la propagation du virus pour en tirer un avantage économique. D'autres ont supposé que la pandémie entière était un plan orchestré par des élites mondiales pour consolider le pouvoir économique et contrôler les masses à travers des mécanismes tels que le traçage et les confinements. Manipulation des données : Un autre thème populaire parmi les conspirationnistes concernait la manipulation des données liées au COVID-19. Bien que la plupart des organisations sanitaires mondiales et des centres de recherche aient travaillé sans relâche pour fournir des données précises, il y a eu des moments où les données ont été corrigées ou mises à jour en raison de nouvelles informations ou d'erreurs non intentionnelles. Ces ajustements, bien que normaux dans le monde scientifique, ont été interprétés par certains comme une preuve d'une conspiration visant à tromper le public. Médicaments et traitements : La course à la recherche de traitements efficaces et d'un vaccin a également conduit à la diffusion de nombreuses théories. Certains ont prétendu que des remèdes maison ou des médicaments existants pouvaient guérir ou prévenir le virus, souvent en se basant sur des anecdotes ou des recherches préliminaires. Lorsque les organisations sanitaires ont déconseillé l'utilisation de ces traitements en raison du manque de preuves, certains ont considéré cela comme une tentative de supprimer un "remède" au profit de solutions plus coûteuses ou lucratives. Organisations internationales : Des organisations telles que l'Organisation mondiale de la santé (OMS) ont été au centre de nombreuses théories du complot. Leur interaction avec les gouvernements nationaux, les recommandations en évolution basées sur la recherche émergente et les décisions cruciales prises pendant la pandémie ont été scrutées et, dans certains cas, interprétées comme faisant partie d'agendas cachés. Ce ne sont là que quelques-uns des nombreux fils de théories du complot liées à la pandémie de COVID-19. L'environnement d'incertitude et de peur a rendu de nombreuses personnes plus réceptives aux explications alternatives, souvent au détriment de la compréhension et de l'action éclairée. Réactions du public : Une chose particulièrement intéressante à noter pendant la pandémie de COVID-19 a été la variété des réactions du public aux théories du complot. Alors que de nombreuses personnes ont embrassé ces théories comme des explications alternatives à celles fournies par les médias traditionnels et les autorités sanitaires, de nombreuses autres ont rejeté ces idées comme non fondées et potentiellement dangereuses. Cet écart de perception a souvent suivi des lignes politiques, culturelles ou régionales, certains groupes étant plus enclins à croire aux théories du complot que d'autres. Influenceurs et célébrités : Certains personnages publics, dont des célébrités, des influenceurs des médias sociaux et même des politiciens, ont joué un rôle dans la diffusion ou le soutien des théories du complot liées au COVID-

19. Leurs plates-formes ont permis à ces théories d'atteindre un public beaucoup plus large et, dans certains cas, de leur donner une légitimité aux yeux de nombreux individus. Bioingénierie et origines du virus : l'une des théories les plus persistantes a été celle concernant l'origine du virus. Certains ont suggéré que le virus n'avait pas une origine naturelle, mais était le résultat d'une expérience de bioingénierie qui avait mal tourné, voire avait été intentionnellement libéré comme arme biologique. Ces affirmations, souvent basées sur des interprétations erronées ou trompeuses de données scientifiques, ont suscité des préoccupations et de la peur chez de nombreuses personnes.

Défis technologiques : La pandémie de COVID-19 est survenue à un moment où la technologie joue un rôle central dans nos vies. Les applications de traçage des contacts, les discussions sur la vie privée et la surveillance, et la dépendance aux plateformes en ligne pour les nouvelles et les informations ont tous contribué à un climat de méfiance. Ces défis technologiques ont offert de nouvelles opportunités de diffusion de théories du complot, mais ont également soulevé des questions légitimes sur le rôle des grandes entreprises technologiques dans la modération et la gestion des informations. Contre-coups contre la communauté scientifique : Alors que la communauté scientifique internationale s'est unie pour chercher des réponses et des solutions à la pandémie, il y a également eu une quantité significative de méfiance et de scepticisme de la part de certains. Ce contrecoup s'est manifesté de diverses manières, du rejet des avis scientifiques à la méfiance envers les entreprises pharmaceutiques, en passant par l'opposition aux confinements et à d'autres mesures de sécurité sanitaire. Narratives mondiales : L'ampleur mondiale de la pandémie a également donné lieu à une variété de récits et d'interprétations à l'échelle internationale. Alors que certains ont vu l'urgence comme une preuve de l'interdépendance mondiale et de la nécessité d'une coopération internationale, d'autres l'ont interprétée comme une preuve de l'inefficacité des institutions mondiales ou comme une opportunité de promouvoir des agendas nationalistes. Toutes ces facettes de la pandémie de COVID-19 et des théories du complot qui y sont associées soulignent la complexité de la situation et la nécessité d'une réflexion critique et d'une analyse précise à l'ère de l'information.

Outils de désinformation : L'ère numérique a fourni une multitude d'outils pouvant être utilisés pour propager la désinformation. Des vidéos manipulées, des images photoshoppées et des publications créées pour paraître comme des sources authentiques ont inondé les plateformes de médias sociaux. Cette surabondance de "preuves" apparemment authentiques a rendu beaucoup plus difficile pour l'utilisateur moyen de distinguer ce qui est réel de ce qui ne l'est pas. Théorie du Laboratoire de Wuhan : L'une des théories les plus répandues concerne les origines du virus dans un laboratoire de recherche à

Wuhan, en Chine. Bien que la plupart des scientifiques aient exclu cette possibilité, l'idée que le virus aurait pu s'échapper accidentellement ou intentionnellement d'un laboratoire a été alimentée par divers acteurs politiques et médias. 5G et COVID-19 : Un autre exemple remarquable de théorie du complot pendant la pandémie a été l'association entre les réseaux 5G et le COVID-19. Certains prétendaient que les ondes radio émises par les tours 5G pourraient transmettre le virus ou affaiblir le système immunitaire, rendant les personnes plus susceptibles à l'infection. Cette théorie a conduit à des actes de vandalisme contre les tours de téléphonie dans différentes parties du monde. Pouvoirs pharmaceutiques et vaccins : Alors que la course au développement d'un vaccin progressait à un rythme soutenu, de nombreuses théories du complot ont commencé à circuler concernant le rôle des entreprises pharmaceutiques. Certaines de ces théories suggéraient que les entreprises pharmaceutiques avaient créé le virus pour vendre le vaccin, tandis que d'autres remettaient en question l'efficacité et la sécurité des vaccins, prétendant qu'ils pourraient causer des dommages à long terme. Changements sociaux et nouvel ordre mondial : Certaines théories du complot ne se sont pas concentrées sur le virus lui-même, mais plutôt sur les changements sociaux et politiques qui ont suivi la pandémie. On prétendait que le COVID-19 était un prétexte pour établir un nouvel ordre mondial, restreindre les libertés civiles ou introduire des systèmes de surveillance plus envahissants. Tendances culturelles et réactions : Dans différentes cultures, la pandémie a réveillé d'anciennes peurs et superstitions. Dans certaines régions, des attaques ont eu lieu contre des personnes considérées responsables de la propagation du virus, ou contre des groupes ethniques ou religieux injustement associés au COVID-19. Comparaison entre les pays : La gestion de la pandémie a considérablement varié d'un pays à l'autre, ce qui a conduit à des comparaisons et des spéculations. Alors que certains pays ont été félicités pour leur réponse efficace, d'autres ont été critiqués. Ces différences ont donné lieu à des théories sur la manipulation des données, sur la réalité de la gravité de la pandémie et sur les éventuelles motivations politiques derrière les décisions sanitaires. L'ampleur et la complexité des théories du complot émergées pendant la pandémie de COVID-19 soulignent l'importance d'une communication claire, transparente et fondée sur des preuves scientifiques pendant les crises sanitaires mondiales. La diffusion d'informations fausses peut non seulement entraver les efforts pour contenir la maladie, mais aussi avoir de graves conséquences sur la cohésion sociale et la confiance dans les institutions.

La pandémie de COVID-19 a été l'un des événements les plus impactants et tumultueux du 21e siècle, influençant tous les aspects de la société, de l'économie aux relations interpersonnelles, de l'organisation du travail aux dynamiques politiques. Au milieu de ce scénario d'incertitude et de peur, l'apparition et la diffusion de théories du complot étaient presque inévitables, car l'être humain, face à des situations d'insécurité, tend à chercher des explications alternatives pour donner un sens à des événements apparemment incompréhensibles. La vitesse à laquelle ces théories se sont répandues a été exacerbée par les technologies de communication modernes. Les médias sociaux, en particulier, ont joué un rôle crucial. Ils ont offert une plateforme pour le partage rapide et l'amplification des idées, sans besoin de vérification ou de filtre. Cet environnement a facilité la propagation d'informations fausses ou trompeuses. Les théories qui ont émergé autour du COVID-19 varient considérablement par leur nature et leur origine. Certaines sont nées d'interprétations erronées ou trompeuses de données scientifiques, d'autres de préoccupations légitimes déformées ou exagérées, et d'autres encore de pure spéculation ou d'intentions malveillantes. L'idée que le virus pourrait être lié aux réseaux 5G, ou qu'il aurait pu être intentionnellement libéré d'un laboratoire, sont des exemples de théories sans fondement solide qui ont gagné en traction à l'échelle mondiale. Mais ces théories ne sont pas simplement des spéculations inoffensives. Elles ont eu un impact tangible sur la santé publique et la société en général. La méfiance envers les vaccins, par exemple, a pu ralentir les efforts de vaccination et a contribué à prolonger la crise dans certaines régions. Les théories du complot ont également influencé les comportements individuels et collectifs, conduisant à des incidents tels que les attaques contre les tours 5G ou des actes de discrimination et de violence envers certains groupes ethniques ou nationalités. En conclusion, le phénomène des théories du complot liées à la pandémie de COVID-19 met en évidence la complexe interaction entre l'information, la perception et le comportement dans la société moderne. Il souligne la nécessité d'une communication claire, précise et opportune de la part des autorités et des organisations sanitaires, tout en mettant en avant l'importance de l'éducation critique et de la formation aux médias pour le grand public. Dans un monde de plus en plus interconnecté et numérisé, la capacité à discerner les informations fiables de celles trompeuses ou fausses devient une compétence essentielle pour garantir le bien-être et la cohésion sociale.

Les théories du complot, si elles ne sont pas abordées, peuvent avoir des conséquences graves, allant de la dégradation de la confiance dans les institutions à l'incitation à des comportements socialement nuisibles, voire violents. C'est pourquoi il est essentiel de développer et de mettre en œuvre des stratégies efficaces pour contrer la diffusion et l'adhésion à ces théories. Voici un aperçu des stratégies de lutte, axées sur l'éducation, la sensibilisation et la responsabilité des médias. Éducation et Sensibilisation

1. Pensée Critique : L'éducation devrait mettre fortement l'accent sur le développement de la pensée critique. Les élèves doivent être équipés des outils nécessaires pour analyser et évaluer les informations de manière objective et logique. Par le biais d'exercices, de débats et d'études de cas, ils peuvent apprendre à reconnaître les préjugés, les mensonges et les logiques fallacieuses.

2. Éducation aux Médias : Dans une ère dominée par les médias numériques, la capacité à naviguer, comprendre et évaluer de manière critique le contenu médiatique est fondamentale. Les élèves devraient être éduqués sur le fonctionnement des moteurs de recherche, les mécanismes des algorithmes des médias sociaux et sur la formation des bulles d'information.

3. Histoire des Théories du Complot : Connaître les théories du complot du passé peut aider les gens à reconnaître les modèles et les tactiques utilisées par les propagateurs de théories modernes. Cette compréhension historique peut également servir de dissuasion en montrant les conséquences potentiellement nuisibles des fausses croyances. Responsabilité des Médias

4. Normes de Journalisme Éthique : Il est essentiel que les médias maintiennent et promeuvent des normes de journalisme éthique. Cela inclut la vérification précise des informations, l'évitement de titres sensationnalistes et la citation de sources fiables.

5. Lutte contre les Fausses Informations : Des plateformes comme Facebook, Twitter et Google ont la responsabilité d'identifier et de réduire la diffusion de fausses informations ou trompeuses. Cela peut être fait en utilisant des algorithmes avancés, des vérifications de faits et des signalements par les utilisateurs.

6. Promotion de Voix Expertes : En période de crise ou de confusion, les médias devraient donner la priorité aux voix des experts. Par exemple, pendant une pandémie, les opinions des virologues, épidémiologistes et professionnels de la santé devraient être mises en avant.

7. Dialogue Ouvert et Transparence : Les médias devraient encourager le dialogue ouvert et la transparence, en permettant la discussion et la critique constructive. Cela contribue à construire la confiance et réduit l'espace pour les théories spéculatives.

8. Les stratégies pour contrer les théories du complot sont essentielles dans la société moderne, et la clé de leur efficacité réside dans une approche holistique impliquant différentes sphères de la vie publique.

9. Dialogue Interpersonnel Le pouvoir du dialogue en face à face ne peut être sous-estimé. Les conversations directes, menées avec empathie et écoute active, peuvent contribuer à remettre en question les croyances erronées. Voici quelques techniques qui peuvent être utilisées : • Empathie et Écoute : Lorsque les gens se sentent écoutés et compris, ils sont plus enclins à ouvrir leur esprit à de nouvelles informations. Éviter de discuter de manière agressive ou moqueuse, car cela peut entraîner une résistance accrue. • Fournir des Exemples Concrets : Les exemples tangibles et les histoires personnelles peuvent être plus persuasifs que de simples statistiques ou faits. • Reconnaissance de Vérités Partielles : Certaines théories du complot peuvent contenir des grains de vérité. Reconnaître ces aspects peut aider à construire un pont vers une compréhension plus large et précise.

10. Campagnes de Sensibilisation Publique Les campagnes de sensibilisation publique peuvent

cibler un large public en utilisant différents canaux pour atteindre des personnes de tous âges et de toutes classes sociales. • Témoignages : Présenter des histoires de personnes qui croyaient autrefois aux théories du complot, mais qui ont ensuite changé d'avis, peut offrir une perspective puissante et persuasive. • Infographies et Contenus Visuels : Les gens répondent souvent mieux aux informations visuelles qu'au texte. Des infographies claires et bien conçues peuvent décomposer des sujets complexes en formats faciles à digérer. Collaboration avec les Plateformes en Ligne Les plateformes en ligne, en particulier les médias sociaux, sont un terrain fertile pour la diffusion de théories du complot. Cependant, elles peuvent également être utilisées comme des outils pour les combattre. • Webinaires et Formation : Organiser des sessions de formation en ligne pour éduquer le public sur la manière de reconnaître et de contrer la désinformation. • Collaborer avec les Influenceurs : Les influenceurs peuvent avoir un impact significatif sur les opinions de leurs abonnés. Travailler avec eux pour promouvoir des informations précises peut élargir la portée de l'éducation. Approches Législatives L'approche législative est délicate, car elle interagit avec la liberté d'expression. Cependant, il existe des mesures qui peuvent être prises : • Lois sur la Diffamation : Renforcer les lois sur la diffamation peut dissuader la diffusion de fausses informations pouvant nuire à des individus ou à des organisations. • Responsabilité des Plateformes : Les plateformes en ligne peuvent être encouragées ou obligées de prendre des mesures contre la diffusion de désinformation. Le défi des théories du complot est vaste et en constante évolution, et exige une réponse tout aussi dynamique et multidimensionnelle. Par le biais d'une combinaison d'éducation, de communication, de collaboration et, si nécessaire, d'interventions législatives, il est possible de construire une société plus informée et résiliente.

11. Contrer les théories du complot est une entreprise complexe qui nécessite une action coordonnée sur différents fronts. Alors que l'expansion de l'ère numérique a amplifié la portée et la vitesse à laquelle ces théories peuvent se propager, elle a également fourni de nouveaux outils et méthodes pour les combattre. La clé pour faire face efficacement à ce phénomène réside dans l'adoption d'une stratégie holistique, intégrant des approches psychologiques, éducatives, médiatiques et législatives. L'éducation et la sensibilisation sont la première ligne de défense. Apprendre aux gens à penser de manière critique, à évaluer les sources et à reconnaître les signes de fausses informations peut empêcher ces idées de s'enraciner en premier lieu. Cependant, l'éducation ne s'arrête pas dans les salles de classe. Les campagnes de sensibilisation publique, soutenues par des organisations gouvernementales, des ONG et d'autres groupes, peuvent toucher un public plus

large en fournissant des informations précises et en défiant directement les récits erronés. Les médias jouent un rôle crucial dans cet écosystème. Ils ont la responsabilité non seulement de fournir des informations précises, mais aussi de corriger activement les récits faux. La collaboration avec les plateformes en ligne, en particulier, est essentielle compte tenu de leur rôle dans la diffusion de théories du complot. Les plateformes sociales peuvent adopter des algorithmes pour réduire la visibilité du contenu trompeur et promouvoir des informations précises. De plus, elles peuvent collaborer avec des experts externes pour vérifier le contenu et fournir du contexte lorsque nécessaire.

12. L'aspect législatif ne peut être ignoré. Alors que la liberté d'expression est un droit fondamental, il y a des limites, surtout lorsque la désinformation peut causer des dommages tangibles. Les lois peuvent être élaborées pour équilibrer ces droits avec la nécessité de protéger le public. En conclusion, contrer les théories du complot nécessite une approche multidimensionnelle qui tienne compte de la complexité du problème. Il n'y a pas de solution unique, mais avec des efforts combinés de la part des éducateurs, des médias, des plateformes en ligne et des législateurs, il est possible de construire une résistance collective contre le flot de désinformation. La clé est l'action collaborative : chaque segment de la société a un rôle à jouer pour garantir que la vérité prévaut.

13. Conclusion • Leçons apprises • L'avenir des théories du complot. Conclusion Les théories du complot ne sont pas un phénomène nouveau, mais leur portée et leur impact ont considérablement augmenté avec l'avènement des médias numériques. Leur existence et leur persistance résultent d'une interaction complexe de facteurs psychologiques, sociaux, politiques et technologiques. En analysant en profondeur les différents aspects de ce phénomène, nous pouvons tirer quelques leçons importantes et réfléchir à l'avenir des théories du complot. Leçons apprises :

14. Compréhension approfondie : Pour combattre efficacement les théories du complot, il est essentiel de comprendre leurs racines et leurs motivations. La peur, l'insécurité, le besoin de trouver un ennemi ou une explication simple aux problèmes complexes ne sont que quelques-unes des raisons psychologiques sous-jacentes à de telles croyances.

15. L'importance de l'éducation critique : Enseigner aux gens à penser de manière critique, évaluer les sources et discerner entre informations exactes et désinformation est fondamental. L'éducation ne se limite pas au domaine scolaire, mais doit imprégner la société à tous les niveaux.

16. Responsabilité des médias : Les médias jouent un rôle crucial dans l'information du public. Ils doivent être conscients de l'impact qu'ils peuvent avoir et travailler activement pour fournir des informations précises et équilibrées. L'avenir des théories du complot :

17. Persistance et adaptabilité : Bien que les théories du complot soient aussi anciennes que l'humanité elle-même, elles s'adaptent constamment aux temps modernes. Avec l'émergence de nouvelles technologies

et l'évolution de la société, de nouvelles théories du complot émergeront inévitablement, s'adaptant au contexte actuel.

18.	Plus grande interconnectivité, plus grande diffusion : L'interconnectivité offerte par la mondialisation et la technologie signifie que les théories peuvent se propager plus rapidement que jamais. Cela représente un défi significatif pour les efforts de démystification et de correction.

19. Potentiel pour une plus grande résistance : Avec l'augmentation de la sensibilisation et des efforts éducatifs, il existe également une plus grande opportunité de construire une société plus résistante aux narrations fausses. L'éducation critique et la promotion de la vérité seront de plus en plus essentielles pour façonner l'avenir. En conclusion, les théories du complot resteront une partie persistante du tissu social, mais avec une compréhension approfondie, une éducation efficace et une responsabilité médiatique, la société peut être mieux équipée pour faire face et atténuer leur impact. La clé sera de maintenir un engagement collectif envers la vérité, la rationalité et l'humanité partagée.

Conclusion : Théories du Complot - Un Aperçu Approfondi Les théories du complot font partie intégrante de la culture et de l'histoire humaines. Ce livre a tenté de présenter une analyse approfondie du phénomène, explorant à la fois ses origines et ses manifestations contemporaines. Nous avons voyagé à travers :

1. Introduction historique : D'où viennent les conspirations et comment ont-elles évolué au fil du temps.
2. Moyens de diffusion : L'évolution des médias traditionnels et l'émergence des médias sociaux en tant que véhicules de diffusion.
3. Théories populaires : De l'influence des Illuminati aux mystérieuses théories sur l'ufologie.
4. Facteurs psychologiques : Le besoin humain inné de trouver un sens, un ordre et parfois un ennemi.
5. Impact social : Les conspirations et leurs répercussions sur la confiance dans le système et les décisions politiques.
6. Science et éducation : La lutte entre les faits étayés par des preuves et les croyances profondément enracinées.
7. Cas célèbres : Des événements historiques qui ont alimenté de nombreuses théories du complot.
8. Économie et pouvoir : Comment certaines familles et organisations sont devenues le centre de nombreuses conspirations.
9. Religion : Des conspirations qui s'entremêlent avec les croyances religieuses.
10. Culture populaire : La représentation des conspirations dans les films, la musique et la littérature.
11. Techniques de démystification : Outils et méthodes pour démanteler des théories infondées.
12. Politique : Comment les conspirations peuvent influencer l'opinion publique et les décisions politiques.
13. Le danger des fausses informations : L'ère des fake news et ses conséquences.

14. Étude de cas - Pandémie : L'émergence de théories du complot lors de crises sanitaires mondiales.
15. Stratégies de contrôle : L'importance de l'éducation et le rôle des médias pour faire face à la désinformation.
16. Conclusions et réflexions : Leçons apprises et réflexions sur l'avenir des théories du complot.
17. Bibliographie et sources : Un guide des ressources utilisées et recommandées. Guides et ressources utiles : Pour ceux qui souhaitent approfondir davantage, voici quelques sites web et guides utiles :
18.   Skeptical Inquirer (www.csicop.org/si) : Un magazine dédié à la promotion de la science et de la raison, abordant régulièrement les théories du complot.
19. FactCheck.org : Une ressource dédiée à la vérification des faits et à la démystification d'informations fausses ou trompeuses.
20.   Snopes (www.snopes.com) : Un des premiers sites de vérification des faits, axé sur la vérification des légendes urbaines, des rumeurs et des théories du complot.
21. The Conspiracy Theory Handbook : Un guide qui fournit des outils pour comprendre et contester les théories du complot.
22.   Media Education Foundation (www.mediaed.org) : Une ressource dédiée à l'analyse critique des médias. N'oubliez jamais d'aborder tout sujet avec un esprit ouvert mais critique, en évaluant les sources et en réfléchissant aux informations avant de tirer des conclusions. À une époque où l'information est à portée de main, il est essentiel d'apprendre à discerner entre les faits et la fiction.